Martín Morúa Delgado

La familia Unzúazu

Barcelona 2024
Linkgua-ediciones.com

Créditos

Título original: La familia Unzúazu.

© 2024, Red ediciones S.L.

e-mail: info@linkgua.com

Diseño de cubierta: Michel Mallard. S.L.

ISBN rústica ilustrada: 978-84-9953-098-7.
ISBN tapa dura: 978-84-1126-631-4.
ISBN ebook: 978-84-9953-207-3.

Sumario

Brevísima presentación

La vida
Martín Morúa Delgado (1857-1910) Cuba.
Hijo de padre español y madre negra, ex esclava, tuvo una formación autodidacta y múltiples ocupaciones, desde dependiente de una tabaquería hasta traductor literario. Fundó varias publicaciones periódicas y colaboró en otras, en Cuba y Estados Unidos, donde vivió tras ser acusado de colaborar con los independentistas, en 1881.

Conspiró con los revolucionarios del exilio cubano, durante un breve tiempo fue autonomista, y volvió a Cuba en una expedición en 1898. En la República llegó a ser senador. Sus novelas *Sofía* y *La familia Unzúazu*, se encuentran entre lo más representativo de su producción literaria.

Primera parte

Cuando a los comienzos del mes de enero de 1896 terminé la última cuartilla de esta obra, recibí una de las cartas con que a menudo me honraba el sincero y desinteresado patriota señor Gabriel Millet, residente a la sazón en Madrid, y escribí la dedicatoria del libro. Ya ha muerto aquel ilustre patricio; pero su memoria vive en el sentimiento de todos los cubanos amantes del progreso patrio.

El autor

I

Todos en aquella casa habían sido desafectos al señor don Acebaldo Nudoso del Tronco.

La que menos fue Magdalena, su cuñada, quien favorecida por su carácter independiente halíale mirado siempre con cierta natural indiferencia. Federico, hermano también de su mujer, detestábale cual descabezado pupilo a tutor severo, y afectaba desdeñarle tanto cuanto en realidad le temía. Ana María, la esposa del caballero, había llegado a casi aborrecerle cordialmente, porque le juzgaba indigno de su amor. Y, desde luego, los criados, tal vez los únicos que habrían podido citar agravios justificativos, le odiaban de tal manera que todos íntimamente se alegraron de su violenta muerte.

Mas, a pesar de todo, en el tiempo que pasó desde aquel sangriento suceso ¡cuántas diferencias ocurrieron en casa de la historiada familia Unzúazu! ¡Cuántas veces tuvo la altiva y joven viuda suficientes motivos para echar de menos la insuperable pericia de su marido, en la administración de aquellos cuantiosos bienes que chorreaban plata y oro a cada una de sus audaces combinaciones! Porque don Acebaldo había nacido para multiplicar caudales, y señalado tenía su trono de plutócrata cuando se atravesó en su camino aquella hoja homicida cuyo esgrimidor logró escapar a las ordenanzas de la ley, por más que la policía pusiera como puso en juego todas sus habilidades para descubrirle.

Pero Ana María no se confesaba, ni a sí misma en secreto, la falta que le hacía su infortunado esposo. Muy por el contrario, cuando se le imponía su recuerdo procuraba desecharlo de la mente, maldiciéndole aún después de muerto, porque, según sus reflexiones, «él había causado su desgracia eterna».

La ofendida viuda se había desentendido de todos los negocios. Al «libertarse» de su marido había tomado con recomendable empeño la dirección de sus intereses; pero le pesaron demasiado sobre los hombros, y cansándose luego de «carga tan embrutecedora» habíala tirado, una vez, que «ni siquiera le servía para alcanzar el bien que ambicionaba».

Con el fin de crearse alguna influencia en el ánimo de Eladislao Gonzaga, habíale suplicado Ana María la administración de su hacienda, lo cual había él aceptado; pero viendo que no obtenía el objeto deseado, en su decepción habíase jurado recluirse a sus habitaciones, cerrando sus puertas a «todo el mundo», confinándose a su «palacial morada», como rezaba la frase de Pepito Luzalba, el suspirado «croniqueur» elegante de *El Papirus* belmirandense. Y aun allí mismo se había extrañado del resto de la familia, ya que en el seno de ella no le faltaban objetos de temor, sujetos a quienes consideraba enemigos de su dicha, y a los cuales por ello comenzaba a detestar con mortal aborrecimiento.

Esperábase con ansiedad en determinados círculos que, si no del todo, por lo menos para los amigos más íntimos, se abrirían los salones de la familia Unzúazu, pasada la época rigurosa del luto de la viuda, y ¡claro! «la buena sociedad» no había de recibir con indiferencia la obstinación de Ana María.

Lo que pensaba la provecta pollería:

¡Cómo! ¿Una viudita como aquélla, tan fresca, tan elegante y encantadora, volver la espalda a los placeres sociales, meterse así, sin más ni menos, entre aquellos paredones, dándoles a todos con las puertas en las narices? ¡No faltaba más! Aquello era una sustracción indisculpable, un robo que se hacía a cada uno de los almibarados galancetes que «envenaban» la comunidad femenina. ¿No había de permitírseles probar fortuna? Ver cuál de tantos buenos mozos pudiera sustituir al muerto?...

En poco estribó que algunos de los más formales aspirantes le estableciera una demanda judicial a la reacia familia, dando a lugar a un litigio sensacional por resolución tan perniciosa. Y fue que, al consultar el caso con el gran criminalista, príncipe del foro belmirandense, doctor don Olegario Jústiz y Andrade, habíale aconsejado éste que no diera semejante paso «hasta contar, por lo menos, con 4 o 6.000 pesos para comenzar el recurso con el carácter debido».

—Pero, doctor, ¿usted cree que se podría?...

—¡Nada es imposible para un buen jurista! —le había contestado sentenciosamente el hombre de leyes.

Sin embargo, a la viuda no le había preocupado en poco ni en nada la hostilidad o el afecto de la sociedad entera. En su desesperada situación de ánimo no atendía más que a su desdeñado amor. Vivía para su pasión y continuaba la vida solitaria que en vano intentaron quebrantar sus hermanos *Fico* y *Malenita*.

—¡Cuánto me fastidian! —pensaba, mientras con mecánica regularidad consumía uno tras otro los cucuruchos de pastillas de menta, otra pasión o manía que le avino con las convulsiones clónicas de que aun no estaba curada.

II

Magdalena era la que de lleno parecía sufrir las consecuencias de aquella reclusión; porque, siendo soltera y habiendo lucido ventajosamente en los más encumbrados círculos sociales veíase, por la actitud de su hermana, privada de asistir a los salones en que tan halagadores triunfos le habían conquistado su discreción y su belleza. «¡Ah, las ganas que tenía ella de evadirse de aquel encierro tan estúpidamente establecido por el convencionalismo social!»

Y con airada interrogación afirmaba:

—¿Puede darse nada tan ridículamente hipócrita?

Poco se dolía ella de la muerte de su cuñado. Mejor para él si viviese todavía; pero una vez que murió, no había pensado en él sino muy vagamente. A decir verdad, no le había dedicado arriba de media docena de lágrimas, y eso en el primer instante. Lloró, sí, cuando le llevaron a enterrar; pero fue porque Ana María no pudo evitar la angustia en el momento supremo, al pensar con cierto egoísmo en la desaparición del padre de su hija; y además porque la tierna Julita lloró también al ver que su mamá lloraba. Magdalena, que no era insensible, se conmovió ante el imponente cuadro de la muerte y el dolor —intenso o débil— que se le ofrecía, y derramó algunas lágrimas; pero en sus imaginaciones no entraba para mucho la extinguida existencia del señor Nudoso. Luego de ello, a medida que vagaba su pensamiento de una en otra triste consideración, fijóse en que allí, a su frente, al otro lado del túmulo, veía entre otros señores a Eladislao Gonzaga, siempre afable, aunque breve; siempre serio y cortés con cuantos se le acercaban. Entonces sí que lloró sentidamente, lamentando las contrariedades invencibles que experimentaba en sus anhelos, en aquel amor que la dominaba inclinándola, subyugándola a un hombre que no podía pertenecerle.

Después, cuando tuvo la dicha de verle a cada momento durante el día, de confundir con el suyo su aliento a cada instante, allí, en su propia casa, bajo un mismo techo los dos, gozando so la capa del empleo, de una vida casi marital, proporcionada por la irrefrenable pasión de su hermana... ¡Cuan feliz pasaba el tiempo en aquella soledad luctuosa, enajenada del mundo y entregada por completo a su amor, acechando las ocasiones para abandonarse en brazos de su amante, a hurto de la celosa viuda que, enloquecida por el deseo, víctima de los más aniquiladores arrecimientos morales, yacía horas enteras agobiada por la tremenda decepción sufrida! El aislamiento de esta suerte era un edén venturoso. Pero, ahora, cumplida ya la social etiqueta, separada del hombre amado y poseído en inefables deliquios de ternura ¿por qué había de vivir entre aquellas cuatro paredes, sacrificándose a los caprichos de su hermana? No, eso no. Si *Nanía*, como familiarmente llamaban a la viuda, no quería salir de su retiro, bueno, ella, Malenita, buscaría por sí la compañía de alguna familia de su amistad «que no estuviese reñida a muerte con la civilización».

Ana María se había encogido de hombros, despreciativamente. Lo que menos le importaba a ella era que se quedase o se marchara con quien mejor le pareciese. ¡No ya su hermana! su propia hija le era indiferente; solo que para quitarse de encima cargas y cuidados que la anonadaban con impertinentes preocupaciones, había decidido enviarla cuanto antes a cualquier colegio. ¡A tal punto había llegado su indolencia por todo lo que no fuera la pasión que le dominaba los sentidos!

A veces se pasaba todo el día embutida en un sillón, allá, en su dormitorio, negada a todo trato, alelada, con solo el movimiento de las manos, las mandíbulas y la lengua, desliendo en la boca su dulce favorito, sus bombones de menta, mascullándolos uno tras otro y vaciando cucuruchos profundamente embaída en un cúmulo de imaginaciones que terminaban por enloquecerla, y una vez lanzada al extremo de la exasperación tronaba contra todo y reñía con cuantos le caían bajo la mirada; y aun en lo álgido de aquellos accesos, con demasiada frecuencia repetidos, salía de su alcoba en busca de alguien, cualquiera, sobre quien descargar la furia que le emponzoñaba el pensamiento. Y cuando a la exasperación sucedía el llanto ¡cuánta lástima inspiraban sus lamentaciones!

María de Jesús, la negrita que frecuentemente sufría los desahogos de su encolerizada señora, convertidos en los más crueles abusos, escuchaba a menudo, oculta en alguna parte, ¡y ya sabía ella a qué atenerse respecto de tal irritabilidad!

No era pues, para la criada un secreto el origen del dolor que atarazaba a la viuda; mas disimulaba su penetración, y con la socarronería propia de la servidumbre, dolíase de una pena que mataba a la niña *Nanía* «dende que murió el caballero». Pero, allá para sus adentros, bien sabía María de Jesús que «la pena» había comenzado mucho más tarde, al separarse de la administración de los bienes de la señora «el señor de Gonzaga», como con respetuoso afecto le llama la joven negra.

III

La cosa había ocurrido de esta manera: Eladislao mejoraba, no deprisa, pero sí constantemente, la hacienda que se le encomendara, y por descontado su situación económica había progresado también; mas el desentendimiento en que persistía respecto de la pasión de la viuda preparábale su ruina.

Veía la señora desde su deliberada reclusión cuánto en la más enaltecida sociedad brillaba Eladislao; y veíalo con íntima complacencia porque a ella, a la administración de sus propiedades, debía la posición que se iba creando el caballero; y en raptos de idealismo simpático llegaba hasta a contemplarle en medio de los salones, con su gallardo continente, sus modales cultos, sencillos, y su exquisita atención a cuanto le rodeaba, teniendo frases para todos y conservando siempre su actitud naturalmente digna, correcta, desarmando con cada acto suyo a numerosos y gratuitos detractores, dominándolos a todos, atrayendo a unos, haciendo retirar a otros, y ostentándose, sin intentarlo, como el objetivo de todas las consideraciones. Y cuando así se hallaba embelesada en estos pensamientos, veía levantarse al lado de aquél otra figura, radiante en su modestia, admirable en su discreción, y resonaba en sus oídos el murmullo de aprobación con que por la concurrencia toda era acogida la virtuosa América, la esposa de Gonzaga; y requemábale el cerebro la envidia de la posesión, y a tales impetuosidades le llevaba el despecho que rompía en denuestos terribles, acusando a todo el mundo, inculpando de su infortunio a su difunto marido; y asociando implacable a esta idea una opinión blasfema, avanzaba hasta infamar la memoria de su propio padre, por cuya voluntad había unido su suerte a un hombre a quien jamás amó; y concluía por echarse en cara «su debilidad» al dispensar tan decidida protección al «ingrato» que, lejos de pensar en ella, servíase de su liberalidad para encumbrar a su esposa, es decir, a la mujer que interpuesta entre ambos la eclipsaba a ella, absorbiendo por completo el cariño, del hombre, del único hombre en quien había imaginado su felicidad. Y en su neurósica obsesión rebelábase y protestaba con mental vehemencia.

—No —decía en uno de aquellos momentos críticos—, un hombre de su inteligencia, tan experimentado en las cosas del mundo ¿cómo no ha de comprenderme? ¡Ah, sí! Perfectamente me comprende; pero es que él, como tantos otros, no pasa de ser un hipocritón, un vividor que piensa que va a estarme explotando toda la vida en beneficio de esa mujer detestable, tan orgullosa y tan insignificante... Pero ya basta, sí, basta ya de sandeces. De mí nadie se ríe... ¡No digo yo ella, la muy pordiosera!... ¡Y el tono que se dará al verse entre personas con quienes jamás habría podido codearse, a no ser por mi dinero... por mi necedad en proteger al pazguato de su!... ¡No faltaba más!...

Tras este desahogo habíale acaecido una postración nerviosa que la tendió en el sofá por cerca de una hora. De allí se levantó resuelta a expulsar de sus dominios al desentendido Gonzaga. Pero al verle más tarde en el salón escritorio, al cual se entraba por el ángulo comprendido entre el zaguán y el comedor, inclinado sobre sus libros de cuentas, trasladando apuntes, volviéndose al oír los pasos de la señora para saludarla con la fineza en él tan característica, y continuando luego en el traslado de sus notas, invadió con mayor intensidad la mente de Ana María aquel contrariado deseo, y dominó en su cerebro con impetuosidad irreductible su pasión avasalladora. Y ya no pensó más que en conquistarle a todo trance. Llegaría a todos los extremos por hacerse querer de aquel hombre que todo íntimamente lo constituía para ella.

Así pensando al mismo tiempo que andaba, acercábase sin exacta conciencia de sus actos hasta que salvó la distancia que la separaba del sillón giratorio en que se encontraba Eladislao; y sin que pudiera saberse al observarla si miraba al libro abierto sobre la carpeta o a la nuca tersa y gruesa del hombre desliado, inclinóse suavemente como atraída por una fuerza poderosa, irresistible, al extremo de bañar con su aliento el cuello del joven administrador. Y en este punto, la mano que, apoyada en el respaldo del asiento, sosteníala en su comprometida posición, desviase un tanto, resbaló y, falto de equilibrio el cuerpo, cayó la dama sobre el hombro del empleado, rozándole con la mejilla izquierda su derecha mejilla.

El grito breve, reprimido, que profirió Ana María se confundió con el de sorpresa dado por Eladislao, que ya venía conteniendo la respiración y haciendo esfuerzos supremos por aparecer sereno, a pesar de aquel vaho que le acaloraba la cerviz y le exaltaba los nervios. Pero al sentir el rápido y pesado rozamiento de las carnes mórbidas, aterciopeladas, de la enternecida viuda, subió el fuego a su rostro y le abrasó el cerebro anublándole la vista.

Súbitamente disturbada su temperamento, presentósele en extraña fantasía la visión de Magdalena, pálida, iracunda, vacilante, mortalmente herida por los celos, cayendo al fin a sus pies, exhalando un desgarrador gemido indefinible, que parecía expresar en su martirio el odio, el amor, el desprecio, la compasión, los sentimientos todos del mal en pugna igual y destructora con los nobles sentimientos de un alma tierna, apasionada, confundiéndose, atropellándose, y rompiendo al fin en mil pedazos la frágil envoltura carnal en que los depositara la naturaleza. Y, en su febricitante ilusión, al observar Gonzaga en aquellas facciones descompuestas por horrible tortura, un último rayo de beatitud, que indicaba como pensamiento postrero el perdón generoso a que están siempre dispuestos los seres verdaderamente enamorados, no pudo evitar el recuerdo de la buena América, y personificada ésta en su mente, al verle dominada por la incertidumbre, empinándose rodeábale con sus brazos el cuello, y dándole un beso amantísimo en la atormentada frente, disipábale los vapores de la tentación, refrescándole el cerebro momentáneamente trastornado por la fiebre.

Todo esto había sido instantáneo.

Ana María no había podido interpretarlo con certeza. Creyó ver en aquella turbación de Eladislao un exceso de cortedad, cierto apocamiento de espíritu, el temor quizás de haberla disgustado involuntariamente, y esperó alguna excusa de parte del caballero; pero Eladislao no dijo una palabra.

—Me siento muy, muy débil... Se me desvaneció la cabeza...

Esto lo dijo la viuda con voz entrecortada, temblona. La soberbia comenzaba a recuperar su imperio, Eladislao quiso llamar para que atendiesen a la dama pero ésta en su enojo irguiéndose, repuso que no necesitaba auxilio alguno; dicho lo cual salió del escritorio airada, en el colmo del despecho.

Poco después retirábase de la oficina el señor Gonzaga. Malenita, que le aguardaba en el salón de recibo, se levantó para acercarse a la reja del zaguán, por donde él había de pasar; pero le impidió la acción la presencia de María de Jesús, que se acercó diciéndole:

—Niña Malenita, la niña Nanía la llama. Tiene el histérico muy fuerte...

Malenita se detuvo ya en el centro de la sala.

No obstante, en la mirada intensamente dulce que lanzó a Eladislao la amorosa joven cuántas indescribibles protestas le expresó.

Gonzaga correspondió a la mirada aquella con una sonrisa acariciadora. Seguidamente salió a la calle, y Malenita se dirigió al aposento de su hermana.

IV

Los continuados ataques epilépticos que por espacio de algunos días sufrió la señora le dejaron muy resentida la salud. A la tensión nerviosa sucedió una flatulencia atroz; con lo que por dicho darse puede que Ana María se hizo insoportable. Su irascibilidad, aunque debilitada por la corporal postración en que se hallaba, era por demás enojosa para todos los de la casa, y ¡demasiado sabía Malenita la causa de todo aquello! Por eso fue que, arrebatada por los celos, en una de las furtivas conferencias que por aquellos días tuviera con Eladislao, habíale dicho:

—Bueno ¿solo yo soy quien te retiene cerca de ella? ¡Pues, se acabó! Quizás me cueste la vida; porque tu amor es mi vida y con el alejamiento puede venir tu olvido, tu abandono de todo ¿me oyes bien?... de «¡todo!»... Y eso sería ¡oh, Dios mío! ¡la consumación de mi desgracia, mi desventura eterna!...

Después de esta valiente resolución lloró Malenita amargamente, reclinada la cabeza sobre el pecho de Gonzaga, el cual, rodeándola con un brazo y acariciándole con la otra mano el desaliñado cabello tendente a soltarse por la espalda cubierta solo por una finísima chambra, había hablado poco, pero sentido mucho aquella separación irremediable. Y en tal conmovedora actitud, próximo a despedirse, de pie, a un extremo de la sala principal, corridas las persianas y en suave penumbra envueltos, conviniendo en amoroso duelo su indefinido alejamiento, habíalos sorprendido la negrita María de Jesús, que trajinaba en la limpieza de la casa; pero por más que no lo notasen ellos hasta que un golpe de plumero sobre los canelones de la lámpara colgante del centro, les indicó la presencia de un extraño, diríase que la criada, atenta solo a sus quehaceres, de nada se había percatado.

Todo estaba ya decidido, y no tardó Eladislao en separarse de aquellos oficios y de aquellos lugares, con gran contento de su esposa, quien ni por este acto le devolvía el sosiego alteró la discreta conducta de su vida en el hogar. Sin embargo, no le fue posible ocultar por completo su regocijo cuando el señor Gonzaga le anunció su dejación del empleo que tenía en casa de la familia Unzúazu.

¡Las lágrimas que había ella derramado, allá en lo oculto de su aposento, cada vez que pensaba en las estrechas relaciones de su marido con la susodicha familia! ¡Cuántas amargas cavilaciones la habían desazonado durante aquella administración que la ligaba a unas gentes que le eran inexplicablemente repulsivas!... Inexplicable, a la verdad, no lo era para la contrariada esposa; pero ¡qué vergüenza si Eladislao se enterase de que ella tenía celos de las mujeres de allá!... ¿No habría tenido derecho a tildarla de ingratitud, él que la amaba tanto, a ella que todo lo cifraba en él?... ¡Ah, sí! Preciso era ocultar sus lágrimas, y cuidadosamente las ocultaba, y ahogaba en su abnegación el pesar que le causaba semejante destino.

Como ella se decía:

—¿Por qué esa terquedad de la viuda en conservar el despacho en su propia casa?...

Otras veces imaginaba que acaso persistía la señora en que continuase allí su escritorio, por una íntima satisfacción de conyugal memoria; pero de todos modos se alegraba de que ya Eladislao no estuviera allí. Ahora parecíale que su marido era más suyo, aunque no contase con la entrada mensual que le había permitido mantener en cierto desahogo su modesta casa, mientras se concluía el ya cansado proceso de la devolución de las propiedades confiscadas.

V

La reclamación no parecía prosperar. Primero su padre, su madre después, y ésta recientemente en el extranjero, habían muerto ambos. Solo quedaban ella y su hermana Albina para reclamar los bienes; pero el esposo de aquélla, que era un comerciante norteamericano, había desconfiado del éxito de un pleito con el gobierno español, y todo había quedado a cargo de América y Eladislao, que eran quienes sostenían la demanda.

—¿No te parece, *Lao* —díjole América—, que deberíamos retirar los poderes al abogado ese? La otra noche me decía el doctor Alvarado que, ciertamente, el señor Jústiz es un abogado hábil, pero que es, así, poco escrupuloso... Dicen que una vez tuvo dos pleitos a su cargo: uno a favor y otro en contra de la misma persona...

—Hija, mirado eso sin prevención, es menos malo de lo que pudiera parecer, dado que a un mismo tiempo no habría de hacer ambas cosas. El abogado defiende un derecho y no una personalidad, y bien pudiera suceder que el cliente de hoy fuera mañana la parte contraria; pero aparte de ello, dícense muchas cosas más.

¡Vaya si se decía! Había tanteado Gonzaga el terreno a fin de encontrar un defensor más activo; pero ¡cualquier día se atravesaba ninguno de sus colegas en el camino del abogado Jústiz! Teníasele por implacable en sus venganzas, y decíase que consideraba como enemigos a cuantos por cualquier concepto entorpecían sus trabajos. Acusábasele de haber arruinado a algunos sin dejar otro margen que el necesario para que se tuviera el convencimiento moral de que todo había sido obra suya. Contábanse de él las cosas más estupendas. Supónganse grandes influencias en el gobierno de la provincia, mientras por otro lado se asociaba su nombre con la muerte casi violenta de un elevado funcionario, ocurrida pocos años hacía, después de haber tenido con él una seria controversia en que mediaron ciertas amenazas por parte del personaje en cuestión, y cuyo médico de cabecera tuvo que abandonar el país oculta y precipitadamente. Y agregábase que no le faltaba nunca un hombre para cada caso. Otros, en fin, le acreditaban grandes riquezas, acusándole de codicioso y acriminándole por haber exigido enormes sumas en sus defensas a las gentes de dinero; a la vez que otros más aseguraban que repartía cuanto ganaba entre la caterva de desalmados que sostenía en la sombra...

—En todo eso —concluyó Gonzaga—, tiene que haber mucha exageración; pero sea como fuere, no tardaremos en tomar una determinación decisiva. Cuando hable con él te aseguro que hemos de llegar a una solución.

Ciertamente «picaba ya en historia» la demora de la restitución. El doctor Jústiz, el abogado aquel que «no perdía ningún pleito», había dado por terminado lo principal de su trabajo, y pronto, según dijo, les serían devueltos a los herederos los cuantiosos bienes confiscados al señor Alminto. Pero pasaba el tiempo y no llegaba el término de aquella brevedad tan asegurada por el famoso abogado. Y decidido a que cesara tal situación se dirigió el esposo de América hacia el bufete del jurisconsulto.

VI

Nada sabía Eladislao de lo que pasaba en la ciudad, precisamente en aquellos momentos. Desde la tarde anterior no había salido de su casa, y le sorprendió un tanto el inusitado movimiento que notó en toda la población. Los que habrían podido enterarle de algo que para él hubiera sido bastante, eran la vieja Maló y el bonachón Galaico Castiñeira, el portero de la familia Unzúazu.

Solos habían quedado en la casa estos sirvientes. La viuda de Nudoso había tenido que levantar su confinamiento, bien que conservando su roña contra «la sociedad»; y siguiendo las prescripciones facultativas había partido para su ingenio «Candelaria», a fin de reponerse del quebranto vital causado por la aniquiladora «enfermedad del desengaño». Y Malenita, que a su vez sentíase muy desmejorada, sin que de su malestar diese explicación satisfactoria, antes bien se negaba a consultar al médico; Malenita, digo, salvo cierta ominosa displicencia había seguido sin protestas a la viuda, y además habíase ésta hecho acompañar de los criados María de Jesús, el cochero Liberato y Onofre el cocinero.

Todas estas disposiciones indicaban una larga estancia en la finca; lo que, en verdad, no lamentaban el gallego ni la africana. Estos formaban una pareja por demás curiosa; injerto de mono y aura, como había dicho al partir el revoltoso Liberato.

Galaico, en su portería, con su peculiar perseverancia componiendo uno tras otro sus inevitables cigarrillos, fijo anhelosamente en el ahorro, en la acumulación de dinero, aunque sin prospecto definido.

Maló, completamente obesa y casi baldada por el reuma, pegada a su taburete enano, en la cocina, jefe nuevamente en ésta, sin preocuparse de lo venidero ni pensar demasiado en lo transcurrido, ocupada no más por su presente, sintetizado en la preparación de las comidas para ella y el portero.

Desde que se encontraba la familia en el campo, al oscurecer de cada día arrastrábase la anciana hasta el zaguán, sentándose a un lado entre la ancha puerta sólidamente aldabonada, con solo el postigo abierto, y el flamante coche enfundado con tosca tela de holanda crudo luciendo al frente con grandes y elegantes letras de lienzo azul, las iniciales de la rumbosa viuda.

En la noche de referencia sería poco más de las nueve cuando, interrumpiendo su sueño habitual, dijo Maló con alarmado acento:

—¿Y ése qué é, señó? —a tiempo que pasaba por la calle, hacia el cuartel que en la otra cuadra se hallaba, un grupo como de diez o doce individuos, conducidos por numerosas filas de soldadas del Orden Público.

Galaico se acercó a la puerta, y dijo a poco:

—Lléveme el demonio si no son presos comunes demás que han traído. Y todos parecen señoritos. Don Guerónimu, el de la budeja de la esquina, dizque esos son nuestros naturales enemijus, que atientan contra la interjidaz de la patria, y tién que por fuerza ser castigados. No sé qué quísome decir con eso de la interjidaz; pero tien que ser algo del gobierno, porque dijo que hay que salvar a España.

—¡Paña! Paña... —masculló la vieja—. ¿Y néllelo muchachito va pende su Paña de nuté?... ¡Chuóo!...

Y la anciana, cuya palabra torpe era incapaz de expresar sus sentimientos, continuó mirando atentamente hacia el oscuro extremo por donde habían desaparecido los guardias custodiando a los detenidos que le arrancaran su exclamación primera.

Allí, hundida en su mutismo, comentaba para sus interiores azares que había sufrido o presenciado desde que los propagadores de la civilización la secuestraron de sus nativas selvas. En un instante recorrió con el pensamiento su vida toda. Vaya desgraciada. Evocó los recuerdos de su niñez y recordó que a su padre, tributario que era del reyezuelo Mangoni-Mina, le había hecho matar a golpes con un enorme colmillo de elefante —en atención a la jerarquía, del penado—, el rey salvaje aquel que en su lúbrico desenfreno arrebataba a sus súbditos las hijas mayores que tuvieran, haciéndolas sus favoritas por algún tiempo, cediéndolas después a cualquiera de sus más esforzados guerreros. El padre de Maló se había negado a las exigencias del tiranuelo, y de ahí la violenta y bárbara venganza de aquél, en presencia de la pobre hija, a la que, por haber mostrado su dolor públicamente, enterróla hasta la cintura su regio pretendiente, torturándola con aquel suplicio por espacio de tres días, al cabo de los cuales fue entregada a uno de los servidores que no se distinguía por su bravura ni era por tanto de los predilectos del rey. La pobre muchacha, considerada como un presente deshonroso, todavía enferma a causa del tormento sufrido, había sido cedida por el ofendido cortesano de las selvas, en cambio de unos cuantos caracoles y unas bocamangas rojas, a un jefe vecino que sostenía continuas guerras con sus colindantes para abastecer con los prisioneros jóvenes de uno u otro sexo a un negrero catalán establecido en aquellas costas. Y pocos días después habíanla conducido a un barco, en compañía de algunos otros coterráneos más o menos conocidos suyos.

Allí, por la vez primera, hirieron sus oídos locuciones que la dejaron perpleja. ¡Bien lo recordó después la infeliz esclava!

Transcurridas varias semanas hiciéronla vestir y con otros compañeros la desembarcaron de noche, alados, en un lugar desconocido. Otras gentes, extrañas también, y que le causaban más miedo aún que los rudos marineros que la maltrataran durante el viaje, la hicieron al día siguiente ponerse de pie; le palparon las carnes, le abrieron hasta escarracharle los párpados para examinarle los ojos; le reconocieron los dientes y por fin la condujeron suelta, dándole por vía de aviso un par de mojicones perfectamente inesperados.

¡Los trabajos que pasó la infeliz! Del corte de caña, que fue su zona de aclimatación, trasladáronla a la casa de vivienda, y allí aprendió a cocinera; y a tal punto llegó su competencia culinaria que sus amos se la llevaron consigo a la ciudad, siendo esto el cese de sus más duras penas. Su pesar entonces fue el recuerdo de sus cuatro hijos dejados allá en el ingenio. No le habían permitido traerlos, y en los cinco años que llevaba en la población no había cesado de enviarles regalitos a los pobres muchachos; solo que ellos no tuvieron jamás noticia de la que les diera el ser.

Luego recordaba el suceso más triste y doloroso que había experimentado en la ciudad. La vez aquella que uno de los niños de la casa, Fico, le rompió con un palo la cabeza a otro de los dos pequeñuelos que ya tenía la fecunda Maló acá en la ciudad; porque, esa Maló había sido una excelente «máquina de producir criollos», como solía decir su viejo amo. Asegurábase que «entre buenos e inservibles» había dado a la dotación un aumento proporcional de cinco en cada cuatro años. La acción del niño que hirió a su hijo Silvestre le disgustó sobremanera. Fuese a él, quitóle el palo y lo arrojó con airada fuerza contra el muro que dividía el patio, frente a la cocina; pero tuvo la mala suerte de que pasase en aquel momento su amo, y de tal modo certero le cogió que lo tumbó redondo. Diole ella por muerto, y sin saber lo que hacía salió a la calle corriendo y gritando; detúvola un celador y, conducida a la casa de sus amos, acordaron éstos castigarla debidamente. No le valió estar embarazada. En el almacén de mieles adonde la condujeron para recibir la pena, hicieron un hoyo en el suelo, ajustáronle allí el abultado vientre, y propinándole «un fondo» de veinticinco azotes, metiéronla en el cepo de la enfermería para curarla, y allí estuvo los siguientes ocho días, siendo restituida después a su cocina.

Con cierta persistente vaguedad no exenta de sufrimiento había recordado en solo unos instantes toda su martirizada existencia, en cada caso había oído una expresión, un concepto naturalmente abstruso para ella. Cuando entró en el barco, allá en su tierra; cuando la desembarcaron, acá, en la «tierra del Diablo»; cuando después en el corte de caña le cruzaba la espalda el inflexible mayoral, que de este modo se vengaba de sus desdenes, porque ¡claro! ella no podía entregarse a todos; cuando la separaban de sus hijos, de su amante... en todos los casos de infortunio le taladraba el cráneo la expresión, el concepto aquel que desde que viera extrañas gentes hirió su inteligencia, grabándose en su memoria; no había nunca podido precisar su valor, pero el sonido repercutía en su cerebro y siempre lo había distinguido perfectamente: «España». Y esta voz, que a su sentir compendiaba todos sus males, oíala nuevamente ahora, confundida con el sordo ruido que en la calle producían en su marcha los presos y la tropa armada; y sublevado el ánimo, sin abarcar enteramente el alcance de sus palabras, protestó:

—¡Paña! ¡Paña! ¿Toito pa nu'e son ¡Paña?...

Pero ya Galaico se disponía a cerrar la puerta de la calle, y la vieja se dirigió renqueando hacia su cuarto, allá en el fondo, junto a la cocina, murmurando:

—¡Hú-uúh! Pa dentrá no cueta naitica; pero pa salí... ¡Jún!

Castiñeira a su vez se sumió en su tabaco gruñendo sus reflejas convicciones, y se acostó condenando a los «enemijus de la interjidaz». Después, recordando las profusas láminas de una *Historia de la Inquisición* que en alguna parte había visto, se durmió pensando en la «jota de ajua», los «ferrus calientes», las «inmersiones en la caga» y otras torturas pertinentes a la aplicación de un «castiju eguemplar».

VII

Algún tiempo hacía que el gobierno se había creído en la necesidad de tomar enérgicas medidas para impedir la renovación de la guerra separatista que amenazaba dar al traste con la paz convenida en el Zanjón.[1] Decíase que eran los relapsos «una gavilla de negros» en la provincia de Santiago de Cuba, y «unos cuantos ilusos» en la de Santa Clara, por cuya razón la Junta Central del partido político cubano de reciente organización, y en el cual figuraban no poco los «convenidos», había estimado oportuno dirigir un «manifiesto al país», lamentando «el nuevo cúmulo de desgracias» que traería «la empresa intentada en Oriente y en las Villas» por «espíritus díscolos, impacientes y exaltados», que se lanzaban a la gue-

1   Se refiere a la Paz de Zanjón o Pacto de Zanjón, acuerdo que estableció la rendición del Ejército independentista cubano a las tropas españolas, dando fin a la Guerra de los diez años (1868-1878). (N. del E.)

rra «sin verdaderos recursos, sin organización ni razonable esperanza en auxilios que de cierto no les serían prestados»; y exponiendo su opinión contraria al movimiento, juzgándolo como una «obra liberticida y antipatriótica» que sumiría por siempre nuestra sociedad en el abismo insondable de la miseria y la anarquía, esforzábase en crear en el receloso ánimo del gobierno la confianza que el nuevo partido necesitaba para desarrollar su programa, a la vez que tendía con notorio empeño a alejar de toda sospecha de infidencia a los elementos que, procedentes de la pasada lucha, imprimían a la comunión liberal legalizada el más saliente rasgo de su carácter oposicionista.

Varias expediciones invasoras, sin embargo, pusieron en tela de juicio la sagacidad de los manifestantes en aquello de los «auxilios que de cierto no les serían prestados». Uno de los contingentes que más hicieron mover a las autoridades de los departamentos interoccidentales de la Isla, fue el que de la Florida trajera un conocido jefe de la guerra anterior que amenazaba seriamente intervenir el poder en la jurisdicción de Belmiranda, para cuyo eficaz efecto envió a la ciudad a uno de sus subalternos, comisionado para reclutar gente, pertrechos y armamentos, o dinero para comprar estos últimos.

Alto, fornido, rubio; un tipo aceptable a pesar de su cabeza de coco seco y su azules ojos abultados, redondos, como pequeñas bolas de vidrio; tal era el emisario del jefe insurrecto que intentaba operar en aquella zona.

Entre los primeros que por el activo laborantismo revolucionario fuéronle presentados al reclutador hallábase Fidelio Donoso, un joven mestizo de apostura esbelta, elegante porte y maneras que desde luego denotaban su buena educación.

La patria ¡oh! la patria... Si él, Fidelio no tuviera su hermana soltera, su madre achacosa, entrada en años sin otro apoyo que su hijo, también él pusiera su vida al servicio de su patria. ¿Con quién? Eso sí, con dinero contribuiría. Poco tenía que ser, dado el objeto, pero no había que olvidar que él era un simple artesano.

Tras un cuarto de hora de conversación se habían separado; y cuando algunos días después, al salir de la sociedad El Progreso, centro de instrucción y recreo, según la pauta de los que por aquel tiempo instituyeron en las principales ciudades de la isla los más entusiastas individuos de la raza de color, vióse Fidelio detenido por un comisario de policía, ni siquiera pensó en la conversación que había tenido con el agente revolucionario. Solo cuando en la jefatura vio el crecido número de personas detenidas recordó al comisionado insurrecto. Pero, no. ¿Cómo podía ser la causa de su detención aquella breve conferencia? ¿Y cuál pues sería la causa? ¿Tendría relación su arresto con el de toda aquella gente?...

Cuando se vio solo, incomunicado en un estrecho cuarto, sin otro respiradero que una alta claraboya por donde entraba poco aire y menos luz, la suficiente, no obstante, para producir una desagradable penumbra, pensó en su madre y en su hermana. ¿Qué diría la buena Augusta cuando pasaran las horas y no llegara su hijo, siempre tan metódico? Y aquí comenzó una serie de pensamientos a cual más triste. Por algún tiempo aún no experimentarían material necesidad; pero ¿cuándo terminaría la detención aquella? Bien sabía el joven que en la pasada época de guerra habían sufrido asaz larga prisión preventiva muchas personas a quienes nada se les había probado, y aun algunos a quienes nada se intentó probarles. ¿No podía ser este de él un caso parecido?

VIII

Había en el Barrio Viejo de la ciudad una anciana negra a quien llamaban *ña* Simona, y la cual parecía ser madre de todo el mundo. No había quien no fuera su *yiyo*. *Ña* Simona realizaba el tipo rarísimo de la pindonga venerable. Cada mañana y cada tarde visitaba un número de casas del barrio. Jamás pedía limosna, y todos se habían acostumbrado a no dársela. Solo que ya sabía cada uno el día y casi la hora en que había de ir por allí *ña* Simona. Ella se hallaba siempre bien enterada de dónde vendían alguna chuchería barata; nadie como ella para averiguar en qué tienda de víveres o frutería «despachaban mejor», esto es, con el peso menos incompleto y por el precio menos caro. Y consiguientemente nunca le faltaba algún encargo, sin que se hubiera dado el caso de que olvidara ninguno de sus compromisos. En una u otra casa encontraba siempre la comida; en tres o cuatro más tenía franco dormitorio, y para la ropa que necesitaba sobrábale con los desechos que los más acomodados le proporcionaban. Gastaba la menor cantidad posible de murmuración durante el año, y su placer más grande era ser recibida con cariño en todas partes. Por eso le había contrariado mucho el que una de esas madres que no saben hacerse querer y respetar de sus hijos, amenazara una vez a éstos, diciéndoles: «Dejen que venga ña Simona: verán lo que les va a pasar». En efecto, ña Simona acertó a llegar en aquel momento; y como oyera la amenaza: «Aquí ta yo —dijo—, no le mete mieo conmigo, lo pobresito»; y los atrajo hacia sí y los besó y agasajó de tan buena gana, que los niños la desearon siempre después de aquel día.

Tenía ña Simona gran acopio de refranes, y aplicaba no pocos con una oportunidad pintiparada. Así cuando en cierto caso le hizo notar un guasón que era rubio el niño a quien llamaba ella «mi *yiyo*», le replicó la anciana: «Gayina negro son mucho, y toito pone güebo blanco».

Y continuó prohijando a toda la humanidad.

En casa de la señora Augusta, madre de Fidelio, tenía ña Simona un catre en un pequeño cuarto que sirvió de despensa en los buenos tiempos de la familia, y allí solía dormir la anciana, aunque por lo regular lo hacía, en permitiéndosele,[2] donde le alcanzaba la noche.

IX

Todos en el Barrio Viejo sabían, por oírselo repetir a ña Simona, que la señora Augusta no tenía familiares conocidos. Su madre había sido esclava de un criollo martiniqueño que ejercía la profesión de peluquero. Habíale servido de criada y de mujer hasta que aquél logró casarse con una joven rica que se dejó hacer la trenza y el amor, y como descargo de conciencia del artista coburgo, al partir para Francia el nuevo matrimonio —disimulado extrañamiento convenido por la familia de la novia— quedó libre la criada y próxima de dar a luz el fruto de su intimidad con el amo. Franceses habían sido los primeros dueños de Rufina, y de ellos conservaba el apellido de Maréchal, que transmitió a su hija Augusta.

Murió la madre de ésta siendo cocinera de aquella familia, que más vivía en su finca del campo que en su hermosa casa de la ciudad, y con ella quedó Augusta, puesto que no

2   Sic. (N. del E.)

tenía donde estar mejor. El buen temperamento y la natural inteligencia de la muchacha, le ganaron el afecto de aquellos buenos señores; y de criada de manos y de costurera servía cuando, durante una estancia en la ciudad, conoció al panadero que de allí la sacó a ser madre.

La señora doña Amalia había condenado enérgicamente aquella unión, porque había pensado en que Augusta fuera la mujer y no la concubina de un hombre. Lamentaba que se hubiera encalabrinado por el tal don Homobono, del cual pensaba que siendo de distinta raza no se casaría con ella por más grande que fuera su amor, y a la postre podría ocurrirle poco más o menos lo que le había ocurrido a su madre; pero una vez que el mal estaba hecho, la señora se mostraba razonable; se alegraba de que todo fuera tan bien como Augusta decía, y hasta se ofreció para madrina del primer vástago. Como así lo cumplió; y además, al bautizarle prometió la señora a los padres encargarse de la educación del niño. Pero antes que contara Fidelio edad bastante para asistir a la escuela —una escuela municipal cuyo director admitía como «pensionistas», en un departamento especial, a un corto número de niños de la raza de color, cobrando un «doblón de a cuatro» por cada uno— sucedió una catástrofe. Y fue que el señor Alminto, el esposo de doña Amalia, resultó complicado en el movimiento insurreccional que acababa de estallar en Yara.[3] Apenas había tenido tiempo de embarcarse ocultamente para el extranjero, a donde le siguió su mujer con sus dos hijas; pero el gobierno cayó sobre sus bienes, toda una fortuna, y se los embargó. Acusado de infidencia, se le llamó a comparecer ante los jueces militares, y al fin, en sumario proceso se le juzgó en rebeldía sentenciándosele a muerte.

3   El 11 de octubre de 1868 ocurrió el primer combate por la independencia cubana en esta población. (N. del E.)

Esto decididamente le dejó arruinado, reteniéndole fuera de su país, y lo que era más todavía: lanzándole al campo revolucionario. Al principio había contestado la señora desde Nueva York las cartas que la madre de Fidelio le escribiera demostrándole su afecto, pero después cesó la correspondencia.

Otra pena mayor sufrió la señora Augusta. Don Homobono falleció por aquella época, dejándole dos hijos: Fidelio, de ocho años, y Carmelina de seis; y como herencia practicable la casa en que vivían, más unos cuantos centenares de pesos en el escaparate, único fruto que de sus juiciosas economías logró disfrutar su viuda e hijo; y aún esto no de buen grado por parte del señor tío del difunto, quien a más de quedarse graciosamente con la parte social que aquél tenía en su establecimiento, quiso apoderarse de lo demás a título de único pariente, alegando que su sobrino no había sido casado. Pero la propiedad rezaba a nombre de «la parda ingenua Augusta Maréchal», y el *tío* no tuvo más remedio que abandonar su empresa.

A duras penas pudo la buena señora pagar la instrucción de los dos niños en una escuela particular que allí cerca tenía una matrona, que si no enseñaba mucho, en cambio cobraba poco por los educandos de ambos sexos que, para aliviarse de ellos en el día, eran allá mandados por sus mayores.

Fidelio al fin fue puesto a aprender un oficio —el de tonelero— elegido por él mismo; y por la noche mientras cosía la señora Augusta a la luz del quinqué, acababa de instruir en lectura y escritura a sus dos hijos, bien que no supiera la maestra mucho más que sus alumnos.

X

La noche en que detuvieron a Fidelio no tuvo la señora Augusta un instante de sosiego; ni se acostó siquiera. Y lo mismo le pasó a la cándida Carmelina, que con su irreprimible llanto empeñábase en consolar a su madre.

Así que amaneció se echó ésta a la calle en busca de su hijo. ¿Dónde iría? No había pensado en ello. A todas partes, hasta encontrarle.

—Cierra bien, Carmelina; cierra y no abras a nadie hasta que yo vuelva, y que el Santísimo Señor de la Inspiración me acompañe en todos mis pasos, hija mía.

Y salió con la manta echada a la cabeza.

Ninguna de las personas a quienes vio le dio noticia de Fidelio. Recordó que el joven pertenecía a una sociedad de recreo. Allí se fue, interrogó al conserje; pero éste no pudo decir más sino que Fidelio había salido de allí la noche anterior a las diez o poco menos.

—¿Y el señor presidente? ¿Dónde vive el señor presidente?

Adquiridas las señas corrió hacia allá la señora.

Pero ¿era que todo el mundo ignoraba lo que había sido de Fidelio? También el presidente, un señor pardo como de unos cincuenta y pico de años de edad, decía no saber nada. Sus miradas recelosas, no obstante, hicieron dudar a la anhelante madre.

—¡Ah, señor, usted debe saber algo! Dígamelo usted, por Dios!...

No, el interrogado no sabía. Sospechaba no más... Desde el año 44, muy joven aún, habíase propuesto ignorar todo lo que se rozara o pudiera rozarse más cerca o más lejos con la policía. Esforzándose mucho lograba a veces sospechar alguna cosa; pero, eso sí, había de ser sin compromiso, y en ocasiones muy únicas, como en esta de Fidelio Donoso, a quien el señor presidente estimaba mucho y por quien se interesaba cuanto se lo permitía su decidida aversión a toda clase de trapisondas judiciales.

—A mí no me lo crea, señora —se aventuró a decir—; pero según se corre, anoche hisieron muchas prendisiones. Yo, a desir verdad, no sé nada; quién sabe, podría suceder que el pobresito Fidelio haiga sufrido algún percanse...

—¡Cómo! ¿Preso mi hijo? ¡Dios mío! ¿Y por qué?... ¡Ah! Usted sabe, señor, usted sabe algo; dígame la verdad!...

—Por la Virgen que yo no sé nada, señora; yo nada más que oí desir lo que digo; pero ¡por su madre!

—¡Usted me miente!... No, señor, no; pierda usted cuidado, no le mencionaré; dígame lo que sepa... ¿Dónde están los presos?...

—¡Señora!... yo no sé; quién sabe allá en el cuartel del Orden Público, en el Vivac... yo no sé... ¿qué sé yo?...

La señora Augusta no esperó a más. Ni siquiera se había fijado en la contrariada expresión del presidente, el cual, deseando librarse de cuanto a su ver podía complicarle en aquella «conspiración», apenas hubo salido la madre de Fidelio:

—¡A matar al Diablo! —dijo, e hizo que su mujer atrancase fuertemente la puerta, y repitiéndole una y otra vez sus temores, exclamaba con las manos en la cabeza—: ¿Ya tú lo ves, Micaela? ¿No te desía yo que esa dichosa presidensia nos iba a costar cara? ¿Ya tú lo oyes? ¡Ahorita mismo presento mi renunsia!

Una vez en la calle inquirió la señora Augusta y se dirigió al Vivac. Allí no estaba; aquello no era más que un depósito de borrachos, recogidos en el arroyo durante la noche. ¡Ah! desde las cinco de la mañana andando de un lado para otro, indagando inútilmente en el barrio en que vivía... ¡y nada! Ahora se hallaba distante de su casa, en el «riñón de la ciudad», como solía decir el culto revistero de *El Papirus*. Iba el reloj del municipio a dar las once. Hallábase ya cerca del cuartel de Orden Público, donde la guardia del Vivac le indicó que debía estar su hijo, pero la señora se cansó de súbito. Hasta este preciso momento no se había dado cuenta de lo que anduviera. No podía dar un solo paso; anublósele la vista, quiso recostarse a la pared, flaqueáronle las piernas y cayó extenuada en el quicio de una puerta.

Su modesto pero decente porte llamó la atención de un caballero que pasaba. Era Eladislao Gonzaga. Siempre bueno, humano en toda la extensión del concepto, le preguntó y supo que buscaba la jefatura de policía. Le habían preso a su hijo...

—¿Por qué no toma usted un coche, señora?

—¡Ah, es verdad! No había pensado en ello, señor... ¡Y yo que en mi aturdimiento no he traído dinero ninguno!...

El señor Gonzaga hizo detener un coche que pasaba.

—¿Dónde vive usted, señora?

—En el Barrio Viejo, caballero; calle del Paredón número 79.

—¡Pues, somos vecinos! —dijo el señor Gonzaga—. Yo vivo en la misma calle en el número 48... ¡Vaya, vaya! Monte usted. Lleve a la señora (*dirigiéndose al cochero*) a la jefatura de policía y después a su casa, Paredón 79, en el Barrio Viejo.

Pero la señora no permitió que Eladislao pagara al cochero, como intentó hacerlo. Una vez que no la dejaría sino en su casa, ella le pagaría allí las dos carreras.

—Si en algo cree usted que pueda servirle, sabe usted dónde vivo. No tenga pena...

¡Oh! ¡Cuánto lo agradecía la señora Augusta!... ¡Qué bueno era aquel caballero! ¡Ah, sí, a él acudiría puesto que el ofrecimiento no podía menos de ser sincero! Solo que la buena mujer no contaba con la terrible fiebre que llevó a su casa. Cuando supo que Fidelio estaba preso en la jefatura y que le tenían incomunicado; cuando al repetir sus súplicas para que le permitieran ver a su hijo la echaron de la oficina con el menor miramiento posible, sintió un vértigo y de nada se dio cuenta hasta que se encontró en su cama, atendida por su hija y con la casa llena de vecinos.

Cuando llegó el médico estaba la enferma explicando, muy trabajosamente, por cierto, es resultado de sus averiguaciones. El doctor dijo que era necesario evitarle toda excitación; recomendó absoluto silencio. Las emociones que había experimentado la paciente, dijo, habían obrado un terrible efecto en todo su sistema nervioso. Había una afección cardiaca; una conmoción cualquiera podía matarla instantáneamente. Por lo demás volvería; la enferma exigía mucho cuidado. Y recetó y se fue.

—¡Qué buen señor ese que ha favorecido a mamá! —dijo Carmelina, comentando lo poco que había podido decirle su madre antes que llegara el médico.

—Quiéne ¿lo de allá lante? ¡Eh! ¿Y tú no sabe quiéne son su mujé?

Entonces ña Simona explicó que la esposa del caballero que vivía en el número 48 era hija de doña Amalia, la señora en cuya casa se había criado la madre de Carmelina.

—¡Ah! pues lo que es mamita no lo sabe, créalo usted, ña Simona —repuso la joven que solo por lo que a menudo le decía su madre tenía conocimiento de la familia del señor Alminto.

Por la noche dijo el médico que la señora estaba mal, muy mal; la fiebre aquella que no cedía, el desvarío perenne, las contracciones que por momentos le retorcían el cuerpo y le privaban del uso de la palabra, cortándosela en el instante del acceso; todo le indicaba una complicación morbosa cuya más saliente manifestación era un aneurisma espontáneo, contra lo cual principalmente enderezaba el tratamiento.

En aquella misma tarde, por la oficiosidad de ña Simona, supo el señor Gonzaga que la señora que la había encontrado por la mañana era una antigua favorecida de la familia de su mujer; y refirió a ésta lo ocurrido, recordando América perfectamente a la madre de Fidelio; y a su vez hizo ella a su marido la historia de la señora Augusta, sin olvidar que el hijo de ésta había sido bautizado por doña Amalia.

Es una buena mujer —terminó diciendo América—; merece cuanto por ella se haga y si mamá hubiese podido... pero la desgracia se cebó en nosotros. Mañana he de ir a verla; aunque no creo que esté tan grave como dice la vieja Simona, que es a veces muy extremosa...

Por desgracia, la señora de Gonzaga no tenía razón, por esta vez al menos, respecto de ña Simona; porque verdaderamente la señora Augusta estaba grave.

XI

Fidelio había sido trasladado a la cárcel junto con otros muchos que, por no caber en las habitaciones de la jefatura, se habían visto obligados a pasar día y noche al raso, en el patio, incomunicados al aire libre, guardados por centinelas de vista.

Ocho días hacía desde que le encerraran en aquella estrecha bartolina, sin tener durante aquel tiempo la menor noticia de su madre ni de su hermana. Ahora que le pasaban a la cárcel «provisionalmente», levantada ya la incomunicación, sabría de su familia; ésta iría a verle en su encierro.

Pero la señora Augusta estaba enferma; guardaba cama; no era cosa de gravedad; dentro de algunos días saldría a la calle...

Esto se lo había dicho el señor Gonzaga, que había ido a verle a fin de enterarle de su familia. Carmelina estaba bien, solo el pesar consiguiente... Nada les faltaba... La esposa del señor Gonzaga, hija de la madrina de Fidelio, acompañaba a la enferma y a su hija Carmelina...

¡Cuánto aminoró esto último la pena de Fidelio! Él no conocía a la esposa de Gonzaga. Era demasiado niño cuando América partió con sus padres para el extranjero. Pero la señora Augusta, que era muy agradecida, le relataba a menudo los beneficios que debía a la familia de Alminto.

—Gracias, señor, gracias —dijo efusivamente el joven—; todo lo fío a la bondad de ustedes.

Eladislao Gonzaga departió por largo rato con Fidelio, respecto de su penosa situación.

—La prisión no es cosa alegre —díjole Gonzaga—, pero tampoco amerita la desesperación. Por lo que he sabido, han sido ustedes denunciados; el denunciante parece ser un individuo que hace algunas semanas se halla en esta ciudad reclutando gentes y dinero para la guerra; pero se trasluce que las declaraciones no arrojan bastante luz. El delator, sin embargo, dicen que está preso, y que ha entregado nombres de personas comprometidas y documentos importantes... En fin, lo de siempre, un embrollo interminable por la vía legal. Lo peor es la enfermedad de su mamá de usted... No, no es cosa de tomarlo demasiado a pechos; por ahora el mal no ofrece gravedad... Vivimos cerca, y mi esposa no abandona a su hermana de usted. Respecto a su prisión, es seguro que terminará en breve... Ya han excarcelado a muchos...

—¡Ah, señor, cuánto deberemos a usted y su señora!... Nuestro agradecimiento...

—Lo que hace falta es que no se desaliente usted por nada. La serenidad no debe jamás abandonar al hombre...

Y consultando su reloj:

—Me marcho —dijo—; no tardará usted en recibir las mejores noticias posibles en estas circunstancias.

Tendióle la mano, que Fidelio estrechó con reconocimiento, y salió dejando admirado al joven, el cual no acertó por el momento a pensar más que en la bondad del señor Gonzaga y su esposa. Pero no tardó en hacer imaginaciones sobre la enfermedad de su madre. ¿Estaría grave? ¿Moriría tal vez?... O ¡quién sabe si habría muerto ya!...

Era característico en Fidelio el pensar en lo peor, sin que por ello se desanimara, eso no; pero en todos los casos se le ofrecían sin esfuerzo los más peligrosos extremos.

Cuando pasaron los primeros días de su incomunicación sin que le sacaran a declarar, se había dicho: «¡Bueno fuera que me fusilaran sin más procedimiento!»... Ahora que pensaba en la enfermedad de su madre casi se consideró huérfano, y aun hizo cálculos sobre la vida futura de su hermana, que en él tendría su único apoyo.

XII

Al despedirse de Fidelio se dirigió el señor Gonzaga a casa del doctor Jústiz, a quien no había podido ver el día que con ese objeto fuera, cuando halló en su camino a la desvalida señora Augusta.

En aquellos días era una empresa difícil hablar con el gran jurista. Su bufete era un hervidero humano. Diríase que en Belmiranda no había otro abogado. A muchos procuradores tenía constantemente empleados el eminente hombre de leyes; pero ya no quería más. Sus colegas, claro, acudirían gozosos si él los llamara; trabajarían en sus pleitos, se mezclarían en sus negocios, ganarían su dinero y saldrían luego convencidos de que le habían prestado un favor. No, no; él no era hombre que pidiera auxilio a nadie. La avalancha era desusada, y él nada podía contra lo irremediable. Él no podía hacerlo todo.

Y se esforzaba en conservar su ecuanimidad al explicar a los que le asediaban la inutilidad de sus afanes. Debían, por otra parte, acudir a la jurisdicción militar. ¿Que se los llevaría? ¡Por descontado que se los llevarían! El caso era grave. Las acusaciones eran tremendas. Una sublevación en plena ciudad; asesinar a determinados funcionarios y personas de prominente representación; incendiar varios edificios públicos y de empresas particulares... Todo esto era abrumador. Los que permanecían en prisión eran los que habían sido sorprendidos con las armas, los pertrechos, las banderas, los papeles; y otros que aparecían incluidos en ciertas listas... Lo menos que podía salirles era la deportación. Un fiador nacional, no obstante, un bodeguero, un salvaguardia, «cualquier *fultraque* galoneado» podría salvarles más que todos los abogados habidos y por haber...

Y así, por este estilo, desfogaba su ira, impotente ante el poder del sable, irritado contra sí mismo y contra todo el mundo que en su necedad imaginaba que un abogado servía para hacer valer el derecho y demandar el cumplimiento de la justicia. Y echaba de su bufete a cuantos lo invadían suplicándole su amparo profesional.

—¡Nada, nada; no puedo, no puedo!...

Y se golpeaba la frente y echaba a perder los espejuelos.

En efecto, nada podía, y esto era lo que precisamente le desesperaba. Renegaba de la «distribución judicial». Un derecho que podía subdividirse y anular la jurisdicción civil, no podía ser un derecho ilustrado. La jurisprudencia era una y debía ser indivisible. Derecho civil, derecho canónico, derecho militar... ¡al Diablo con tantos derechos! ¿Para eso había él estudiado derecho público, para verse suplantado por «el primer baturro ascendido a capitán de Ejército»?...

Y les volvía la espalda, encerrándose en su escritorio. Y los otros, aplastados por la despechada lógica del abogado aquel en quien habían cifrado sus esperanzas, desfilaban silenciosos, caídos desde los hombros los brazos, muerta la mirada, desfallecido el ánimo, bajo la amenaza de un mal tremendo sin curación posible a sus esfuerzos.

Entre aquel resto de sospechados infidentes hallábanse Federico Unzúazu, a quien habían detenido la memorable noche en el café de El Palacio Nuevo, y Juan Pérez Maribona, el popular *Perecito*, que no habiéndose encontrado en lugar oportuno para ser detenido por la policía, habíase hecho prender al día siguiente, a fin de no parecer menos patriota que algunos de sus compañeros de banca y francachela.

La prisión de Federico había interrumpido la temporada campestre de la quebrantada viuda de Nudoso, la cual había tenido que volver, acompañada únicamente de la pequeña Julita y Liberato, para ver lo que pudiera hacerse en favor de su hermano, atenta siempre la señora a la conservación del «buen nombre de la familia». Malenita se hallaba muy desmejorada, al decir de la señora, y por algún tiempo aún permanecería en la finca. La estancia de la joven en el ingenio parecía ser también una medida necesaria a la preservación del consabido «buen nombre». De aquí que con amargo humorismo había pensado Ana María más de una vez en que el buen nombre aquel estaba ya «más zurcido que bragas de pordiosero».

XIII

Aquella circunstancia motivó el que Eladislao se encontrase con la viuda de Nudoso en el bufete del doctor Jústiz.

Todavía era copiosa la anuencia de los necesitados de justicia. La señora también hacía antesala. Saludó con su acostumbrada cortesía el señor Gonzaga, y tras breves frases cesó el diálogo. Y allá, en su caletre, daba Ana María vueltas a la idea de reanudar la conversación antes que se le apartase Gonzaga, para soltarle «cuatro palabritas» que tenía preparadas, cuando le avisaron que el abogado la esperaba.

¡Ah! Se le escapaba Eladislao aquella vez; pero ya se la guardaría para en otra dársela aumentada... Y después de todo ¿por qué no había de salir a la luz y perseguirle sin tregua, no ya para mendigar neciamente un amor de que no era capaz el «pérfido» aquel que se burlaba de ella y «había engañado» a su hermana, sino para humillarle, para arrancarle la careta de hombre serio con que se paseaba en aquella sociedad miope?... No se había dado por entendido de la pasión aquella que ahora estimaba la viuda como «una bobería» y que antes le había parecido el más acelerado amor; pero en efecto, ¿no había él comprendido su «locura» de entonces?... No era posible. Lo que sucedía era que «se reía interiormente de ella». Sí ¿eh? Pues ahora que «todo había pasado», ella le probaría que él «no era quién» para burlarse de ella. ¡Ah!

¡Tantos como enviaban a morir en Fernando Póo y en Ceuta, y dejaban allí a «aquel solapado criminal que deshonraba a las muchachas de buena familia»!...

Apenas atendía a lo que le decía el abogado respecto de su hermano Federico. En resumen: aseguraba aquél que éste no sería desterrado. No se le había probado nada; pero como era tenido por influyente entre los jóvenes del «gran mundo» belmirandense, y su nombre aparecía entre los «simpatizadores» señalados con determinadas cantidades para favorecer el movimiento armado, se le retenía en prisión. Se trabajaba mucho, sin embargo; no se había omitido ninguno de los resortes que debían tocarse, y la cosa funcionaba convenientemente. Cierto que todo costaba oro, mucho oro; pero en fin, ello saldría lo mejor posible; y terminaría con la excarcelación y la libertad de Federico.

La viuda lo hacía todo como un ruido confuso, ininteligible.

—Está bien, doctor, está bien; avíseme en lo que fuere necesario. Estaré algunos días aquí.

Y con una frase vaga se despidió.

En el salón de espera se hallaba todavía Eladislao. Imposible habría sido descubrir tras el gracioso saludo que con el abanico le dirigió Ana María, la desatentada inquina que ocultaba. El mismo Eladislao no pudo menos de comparar aquella halagüeña despedida con la ceremoniosa recepción de que había sido objeto momentos antes. ¿A qué obedecía aquel cambio repentino?...

El amanuense hizo señas al señor Gonzaga. Habíale tocado el último turno, y con él, seguramente, cerraría el día oficinesco, dado que pasaba ya de las cuatro.

El doctor Jústiz recibió a Eladislao con su más placentera sonrisa. Era el signo peculiar del gran legista, cuando tenía buenas noticias para sus clientes.

Desengarabitóse los espejuelos, sacó su blanco pañuelo de seda y comenzó a frotar los vidrios. Tenía buenas noticias, noticias excelentes; todo marchaba bien, perfectamente bien...

Pero Eladislao iba predispuesto.

—Y si todo marcha tan bien —dijo—, ¿cómo es que hace ya cerca de dos años?...

—No termine usted, no siga por ese camino —gritó interrumpiéndole el abogado.

Contrajéronse sus labios, alargáronsele las líneas del rostro; palideció su tez y, levantándose del asiento que ocupaba, se puso a pasear de un extremo a otro del salón su cabeza demasiado grande, al corto paso de sus piernas demasiado pequeñas.

Pensaba Eladislao en que, después de esto, cualquier palabra podría causar un rompimiento sin poder por su parte obtener las necesarias explicaciones respecto del estado de su asunto, y se propuso ir con tiento, por si efectivamente aquello era el principio del fin. Pero el abogado no se cansaba de andar arriba y abajo, como si se encontrara solo.

El señor Gonzaga se levantó para marcharse, incomodado por la desatención del abogado y sin decir una sola palabra se dirigió hacia la puerta, al mismo tiempo que en su paso también llegaba a ella el señor Jústiz. Ocurrió así que en aquel punto se hallaba el uno junto al otro, y un segundo después daban ambos la vuelta encaminándose en contrario rumbo.

Gonzaga no habría podido explicarse por qué había seguido al doctor en sus paseos.

Cuando hubieron andado hasta la mitad del salón, paróse en seco el abogado y, deteniendo suavemente por un brazo al señor Gonzaga, le dijo:

—¿Cree usted que a mis años y con mi práctica profesional necesito aún algunas lecciones del oficio?

Eladislao sabía que el doctor Jústiz tenía entre «sus acreditadas virtudes» la de ser extraordinariamente irascible; pero esta vez por lo menos le pareció que él con su objeción inoportuna había excitado la descortesía del abogado.

—No ha sido mi intención mortificarle —repuso— pero calcule usted, doctor, la ansiedad de mi esposa por el largo tiempo transcurrido desde que nos dijo usted que pronto concluiría todo...

—Y bien, ahora se la repito a usted —díjole, modificando un tanto su aspereza, movido a ello tal vez por el tratamiento de «doctor» que impensadamente le diera Eladislao, título que le gustaba al eminente jurisperito oír de cuantos le dirigieran la palabra—. Sí, señor mío, se lo repito a usted; pero la voz «pronto» en mis labios y en casos como éste, quiere decir un año, dos años, cinco años, posiblemente más. ¿Acaso por la precipitación de ustedes voy yo a inutilizar mi obra? ¡Nunca, señor mío nunca! Yo no hago las cosas a medias...

Al llegar aquí parece que se dio cuenta de que se hallaban de pie, porque, moderando aún más el tono, agregó:

—Bueno... siéntese usted; sentémonos... No acostumbro (*Sentándose.*), dar ciertas explicaciones a mis clientes pero en lo que voy a decirle podrá usted ver una prueba de especial distinción. (*Pausa y frote acompasado de los anteojos con el pañuelo de seda.*) En una reclamación vulgar —continuó— bastaría y aún sobraría con frasear cuatro conceptos morales de ocasión, y citar media docena de autores abusados y otra media de sentencias gacetadas, de esas que deslumbran a los jueces de tres al cuarto; pero, amigo mío, yo no transijo con las vulgaridades... (*El rostro del doctor expresa ahora el desdén más profundo*.) Yo he decidido establecer una demanda de indemnización; una indemnización en toda regla. ¿Me entiende usted?... Necesito inquirir mucho, asegurarme de todas las minucias, minarlo todo convenientemente para que... ¿Va usted comprendiendo? (*Animándose*.) Mi plan es claro, preciso, concreto. Como por itinerario ha de avanzar por grados a impulsos de la ciencia jurídica, hasta castigar con toda la severidad que se merecen las transgresiones del derecho positivo, el nefando crimen de la interdicción posesoria. Yo demostraré que la arbitrariedad puede, para su mayor desprestigio aumentar en decenas de millares las simples unidades cuantitativas; yo decuplicaré ¿me entiende usted? yo de-cu-pli-ca-ré el valor de los bienes perjudicados; no pediré más, pero no aceptaré menos. (*Movimiento de Gonzaga*.) ¡Qué! ¿Lo duda usted?... Sí, bien lo veo, lo duda usted...

—Es que me parece tan difícil... y no muy moral en el fondo...

—Caballero —dijo el doctor montando nuevamente en ira— este recurso lo presenta uno de los dos. Usted o yo. Y en ambos casos hay algo de más: el consejo de usted o la disposición mía.

Eladislao se convenció por completo de que para tratar con el doctor Jústiz en asuntos de su profesión había que admitir todas sus proposiciones por absurdas que pareciesen.

El doctor volvió a frotar sus espejuelos, y continuó con voz reconcentrada:

—Mi plan es ese, y no estoy dispuesto a modificarlo en lo más mínimo... ¡Hablarme de moral!... Qué tengo yo que ver con esa moral de caucho que tiene cada cual para su propio uso, yo me debo y me entrego a la ciencia. Cuanto ella conceda a la solicitud de la inteligencia es perfectamente lógico, y lo que es lógico en el concepto científico no puede ser inmoral en ningún otro concepto. Mis corresponsales de Washington y de Madrid me darán la escala; yo subiré con paso firme, llevando mis reclamaciones debajo del brazo. La presentación será oportuna, irrecusables los documentos, y como inevitable consecuencia inmediata, la liquidación. (*Pausa.*) Deplorable es no obstante, que sea para mí tan indispensable lo que parece desazonarles a ustedes. Comprendo que necesiten dinero... (*Reflexión.*) Todo podría conciliarse... Veamos. Su señora podría extenderme un pagaré, como coheredera del señor don Basilio Alminto, y... bueno... hasta 10.000 pesos, no sería difícil... En fin, sí, que extienda el documento; yo haré que sea negociado, porque lo esencial es que me dejen ustedes tiempo, tiempo, la libertad de acción que necesito... Consúltelo con su esposa y decidan ustedes antes de pasado mañana.

La conferencia había terminado. El señor Gonzaga salió del bufete en la mayor confusión de ideas. ¿El doctor Jústiz era en realidad un hombre superior, un carácter, o era un gran bribón de muceta? ¿Cabían en la jurisdicción legal las pretensiones que tan convencidamente había expuesto? No debía creerse otra cosa, una vez que, lejos de exigir dinero, se comprometía a facilitarlo con cargo a la embrollada herencia. Pero ¿debía la señora de Gonzaga aceptar aquel anticipo? Esto era lo que no veía bien claro su marido. Pensaba luego en los bienes confiscados: un ingenio de gran maquinaria, en combinación con un alambique; dos estancias agrícolas, cercanas a Belmiranda; cinco espléndidas casas en la ciudad... en fin, un capital de 250 o 300.000 pesos... ¿Por qué no había de aceptar 10.000 pesos y cargo de la parte, de la mitad, que de aquellos bienes le correspondía, sobre todo contando con la intervención de su abogado?...

En estos pensamientos sumido, llegó a su casa y comunicó a su mujer lo que había pasado.

—¿No te parece que debiéramos aceptarlo? —díjole América.

Eladislao no contestó por el momento.

—No sé qué decirte —le respondió al cabo de un rato—. Me parece tan complicado todo eso... Sin embargo, no veo nada malo en aceptar; aunque esos planes... En fin, nosotros no los hemos propuesto...

El señor Gonzaga principiaba a convenir en que el concepto de la moralidad venía a ser algo así como un cinturón elástico, que cada cual emplea según sus circunstancias más o menos abdominales.

XIV

Algunos días después de lo narrado fue puesto en libertad, entre otros varios, Fidelio Donoso.

La denuncia no había prosperado. El comisionado mismo, a quien se le acusaba *sotto voce* de ser el denunciador, se hallaba libre, sorprendiendo a muchos el hecho de que al salir de la prisión fuese colocado en las oficinas de la Aduana, quién sabe de qué. Ni faltó quien asociara este hecho con otro ocurrido por aquellos mismos días: el de haber sido asesinado en su campamento, oculto en lo más intrincado de un monte, el jefe insurrecto que, al decir del reclutador, le había comisionado para solicitar auxilios.

En la puerta misma de la cárcel tomó Fidelio un coche. ¡Qué blancas las calles! ¡Qué fresco y suave el ambiente! La ciudad toda ¡qué alegre! El jamelgo del coche era el que no parecía contento. ¡Si a penas andaba!...

Ya divisaba el joven su casa. ¿Sabrían allá que él estaba en libertad?... No sería prudente en codo caso, aparecer de improviso ante su madre... La alegría súbita podría serle perjudicial... ¿Cómo la encontraría?... ¡Ah, los postigos de la ventana cerrados!... La puerta entreabierta no más...

Hizo detener el coche un poco antes de llegar a su casa. Bajóse y se acercó a la puerta con cierta cautela, por si veía a su hermana, a fin de prevenir a su madre...

Quien estaba allí, cerca de la entrada, era ña Simona. La buena anciana, se le arrojó al cuello con más viveza de la que habría podido suponerse al verla allí sentada. Le llamó su «pobresito yijo», su «niño degrasiao» y muchas cosas más, y no concluyó hasta lamentar la situación del joven, que al salir de la cárcel se encontraba «sin madre».

Fidelio se había dejado abrazar y besuquear de la vieja, aunque impaciente por llegar hasta su madre y su hermana, un tanto sorprendido de no haber visto a ninguna al entrar. Mostrábase no obstante, dócil a los halagos de la anciana que le agasajaba desde su niñez y había sido siempre muy adicta a la familia; pero cuando oyó aquello referente a su madre:

—¿Qué dice usted? —gritó exaltado; y desasiéndose dióle tan violento empellón que a la pared medianera debió la infeliz el no caer de espaldas al suelo.

Desesperado se lanzó el joven por las habitaciones llamando y clamando; y ya daba la vuelta por el comedor, cuando a la puerta de la casa apareció su hermana, y detrás de ella llegaban América y Eladislao, los cuales no habían podido alcanzar a la muchacha, que, al saber por un vecino que allí estaba Fidelio, perdió toda noción de compostura y a cuanto pudo correr salió de la casa de aquéllos, donde se hallaba desde la muerte de la señora Augusta.

Verse los dos hermanos y arrojarse el uno hacia el otro fue un impulso mismo y tan rápido que nadie se dio cuenta de ello hasta que en medio de la sala se confundieron en estrecho y lamentoso abrazo, simbolizando la vida inseparable que les señalaba su orfandad.

Todos respetaron aquel instante de supremo desahogo. Después se acercó al dolorido grupo el señor Gonzaga, y tomando de un brazo a Fidelio díjole casi al oído:

—Basta ya, Fidelio; domine usted su pena; recuerde usted que la serenidad no debe jamás abandonar al hombre...

El joven siguió el movimiento que le indicaba la presión del señor Gonzaga, a quien las circunstancias convertían en protector de los desolados hermanos.

Fidelio se había dejado caer en un antiguo sillón de alto espaldar enrejillado; el mismo en que solía sentarse con preferencia su madre.

Recobrada en parte la calma, procuró realizar la extensión de su desgracia. A sus pies se hallaba Carmelina, rigurosamente enlutada hasta el cuello y los puños, con la frente reclinada en la rodilla derecha de su hermano, y derramando inconsolable un mar de lágrimas. A un lado del joven estaba el señor Gonzaga triste, serio; al otro la esposa de éste y también ella, como Carmelina, lloraba sin poderlo evitar. Y detrás del asiento, por encima del respaldo veíase la rugosa faz etiópica de la anciana ña Simona, la única cuyo dolor encontraba frases tan mal pronunciadas como bien sentidas y exponentes de sus nobles sentimientos.

Una mirada lánguida, expresiva de dolor hondo acerbo, y acompañada de la placidez más triste, la candorosa placidez del resignado, demostró que ya había pasado la crisis y que el fuerte espíritu del joven se restituía la razón, tan necesaria al hombre en los momentos de prueba.

Segunda parte

I

En grande confusión veíase la viuda de Nudoso, puesto que no quería volver al ingenio, porque cada día sentía crecer más su aversión contra su hermana Magdalena, mientras por otro lado no podía dejar allí a ésta sin detrimento de la pública reputación de la familia.

No era la primera vez que por su voluntarioso temperamento de criolla acaudalada veíase compelida a contrariar por sí misma sus propósitos; pero nunca se había dado tan exacta cuenta de ello como ahora que habiendo colocado a la bella Julita en el más acreditado colegio de la ciudad, advocado por una conocida comunidad religiosa, hallábase solitaria en aquel caserón que parecía más grande y sombrío con solo unos cuantos criados los más indispensables, al servicio de la señora.

María de Jesús se había quedado con Malenita en el campo, y la estancia de ésta allí debía prolongarse por más tiempo aún, según infería la viuda. Pero ¿cómo presentaría ésta las cosas para justificar la ausencia de Malenita, mientras ella permanecía en Belmiranda? Ya no le quedaba el recurso de la prisión de Federico. Días hacía que se hallaba en libertad, y por cierto que él y el tal Perecito se habían portado como «dos bandidos de levita».

Previendo el monto que de sus emolumentos le presentara el doctor Jústiz, había procurado Ana María investigar respecto de la solvencia de Fico. ¿Solvencia? Su primera comida fuera de la cárcel la hizo con su hermana. Acompañábale su amigo Perecito, que como él había sido puesto en libertad; y no bien se hubieron levantado de la mesa cuando con toda la formalidad del caso le tiró Fico a la viuda un «cuerazo» de 500 pesos, «hasta que se normalizaran sus negocios», los cuales decía el mozo se hallaban algo descuidados «a causa de aquella prisión». Pero Ana María, con sin igual listeza, desvió la bolsa, se plantó en firme, y quitándole un cero a la cifra la dejó en 500. Arreció Federico en el ataque en pro de «su objetivo», pero esto mismo hizo que su hermana pusiera término a la lucha, diciéndole:

—Mira, Fico, yo sé bien lo que son esos negocios que tú te traes. De sobra tendrán tus amigos con 500 pesos; y tú no vuelvas por más, porque harto me ha de costar el haberte sacado de esa dichosa prisión.

Y no cedió un punto.

No había vuelto a tener noticias de su atolondrado hermano desde que, guardando con desdeñoso gesto los diez flamantes isabelinos, saliera de la casa aquel día, seguido de su amigo, el cual se despidió de la señora con la más exquisita cortesía.

Preocupada estaba ahora la viuda, y con la sangre envenenada por las mofetas que de sus pasiones nacían, cuando recibió una carta que le había traído el correo. Era de Malenita. «Estoy muy mala» —decía—. «Complica mis sufrimientos la presencia de Fico en ésta, con ese Perecito que debe ser un castigo del cielo o del infierno. Si no vienes enseguida mandaré a buscar al doctor Alvarado.»

Sí ¿hé? —dijo Ana María sonriendo diabólicamente—. Ya no me mirarás con aquel desdén supremo que te sugería tu desvergüenza... ¡Estúpida!... ¿No has querido interponerte en mi camino?... ¡ah, yo te aseguro que si no fuera por el buen nombre de la familia!... Pero una por una he de cobrármelas todas, todas, y con creces... ¡No digo yo!... Pero ¿qué habrán ido a buscar allá esos enemigos del alma?...

Y como lo demandaba la carta, enseguida dio órdenes a Liberato de disponerlo todo para volverse al ingenio; y al día siguiente quedaban de nuevo solos en la casa la anciana Maló y el portero Galaico.

En el apeadero de la finca encontró Ana María a Federico y a Perecito. ¡Qué solícito el hermano! Y su amigo ¡qué modoso y deferente con la hermosa viuda, la cual estaba más interesante que nunca al ostentar la blancura mate de sus carnes de mujer bien hecha, cuya palidez resaltaba al contrastar con lo negro de su traje!

Allá en la casa de vivienda se hallaba Magdalena, recluida a su aposento, con unos dolores que desde la madrugada le acometían con terrible fuerza. ¿Qué había pasado? Nada; infamias de Fico. La había acosado; la había amenazado con «divulgar sin deshonra» si no le daba dinero. Ya decía francamente que había jugado su herencia y la había perdido. No quería consejos, había dicho; lo que necesitaba era dinero. Cinco mil pesos le exigía a Malenita «para tolerar el deshonor» del nacimiento de su hijo; a reserva de averiguar quién era el padre de la criatura para entenderse con él.

—¡Ah! ¿Con el *duque* incógnito? —dijo con acerada ironía la viuda—. ¿Y qué habría de hacer; matarle, o pedirle dinero?

Magdalena no contestó. Lloraba. Un fuerte dolor que venía conteniendo se le hizo más agudo, insoportable, al extremo de arrancarle un quejido tan reconcentrado que parecía una maldición. Revolvióse en el mecedorcito en que se hallaba sentada, y tal fue la impetuosidad del movimiento que, faltándole apoyo, resbaló cayendo al suelo y retorciéndose desesperadamente. Acudió presurosa María de Jesús, que no se apartaba mucho de su joven ama desde que ésta le comunicara su estado y demandara suplicante su auxilio. Otro nuevo grito de la doliente fue a poco secundado por el llanto de la criatura que acababa de nacer.

Ocupábase Ana María, con la mayor indiferencia en favorecer a la parturienta, que había quedado sin sentido. Marta de Jesús atendía en el cuarto contiguo a la recién nacida. Y cuando vio vestidito al pimpollo aquel que parecía traer a la vida un copioso contingente de salud, no pudo menos de pensar en que era muy linda, que se parecía mucho a su madre, no obstante ser «la cara mismitica de su padre».

Y dándole un beso en la sonrosada manita que tenía la niña descansada en sus enrojecidos mofletes, la arropó y se dirigió con ella al aposento en que se hallaban Malenita y la viuda.

—¡Nada tienes que hacer aquí! Cuida a esa criatura y no te muevas de ese cuarto hasta que yo te lo mande. ¿Lo has oído?...

¡Parecía una de las Furias escapada del grupo! Con una contracción que daba a su rostro las duras líneas opresivas del mayor grado de crueldad a que puede llevar al individuo la obsesión del odio, quedóse contemplando a su hermana que, desfallecida aún, se hallaba tendida sobre la alfombra entre la cama y la «comadrita» en que había estado sentada.

La joven dio un profundo suspiro, e incorporándose dirigió a la viuda y luego en derredor suyo una ansiosa mirada de interrogación. Ana María, de pie en el cuarto de la estancia, tan pronto lo vio moverse con algún juicio volvióle la espalda, encaminándose hacia la puerta.

—Nanía... ¡Nanía...! —llamó doloridamente la enferma. Pero la contestación fue un violento portazo que dio al salir la inexorable viuda.

Magdalena cayó nuevamente sobre la alfombra con un síncope tremendo. María de Jesús, que había estado escuchando cuanto allí ocurría, al oír el golpe de la puerta y la pesada caída de la extenuada joven, entreabrió con cautela la mampara que comunicaba con aquel aposento, y viendo que no estaba en él Ana María, entró apresuradamente acudiendo en auxilio de Malenita. Intentó levantarla, pero no pudo; y cuando vacilaba y casi decidíase a mojarle el rostro con agua o con alguna esencia, volvió en sí la joven. Miróla un momento con fijeza, bien por efecto del desvanecimiento sufrido, o tal vez para asegurarse de la actitud de la negrita. La cual actitud debió estimarla favorable Magdalena, puesto que un instante después abrazaba en cuanto le era posible a la criada, que se había inclinado de rodillas hacia ella; y a viva lágrima lloraron las dos así estrechadas, seguramente sin conciencia en aquel instante de que eran ama y esclava.

María de Jesús se desprendió de Magdalena, y haciéndole señas para que guardara silencio entró en el cuarto, saliendo al momento con la niña en brazos.

Como una loca se levantó al verla Malenita, que antes no tenía fuerza para nada.

—¡Ah! —exclamó—. ¡Creí que me lo habían matado!...

Y sin reparar en que estaba dormida la criaturita quiso apoderarse de ella al tiempo mismo que la besaba tan repetidamente y con tal exaltación que la criada temió por la razón de la enferma, tanto por lo menos cuanto temía los furores de Ana María, si llegaba a sorprenderla allí.

II

En aquellos momentos estaba la señora en lo más culminante de su agitada conferencia con su hermano.

—¡Sí —decíale con creciente enojo—; ella es culpable, sin duda; pero tú, tú eres un infame, Federico!

—Dime lo que quieras —replicó Federico—; pero no olvides que no debo ser tan malo cuando nada te he dicho aún de Gonzaga...

—¡De Gonzaga! ¿Y qué tienes tú que decirme de Gonzaga?

—Nada que no fuera para conservar «el buen nombre de la familia», del cual eres tan celosa cuando se trata de los otros...

—¡Ah! ¿También para mí tienes inculpaciones?...

—¿Yo? No. Solo te insinúo lo que es del dominio de la sociedad entera... ¡Y poco que se ha hablado de la intimidad de ustedes durante esa administración que todos han tomado por un pretexto!...

—¡Miren!... ¿Con que se ha hablado mucho?, ¿hé?... ¡Miserables!... ¿Y qué piensas tú que se me da a mí de todo eso?...

—¡Oh! nada; ¡ya lo sé! Y haces bien; pero aún así debiera ser esto un aviso y un motivo para que estrechásemos nuestras relaciones de familia. He pensado que no debo permanecer separado de ustedes, y ocuparé nuevamente mis habitaciones en casa... Bien mirado, nadie atenderá mejor que yo tus intereses, ya que has tenido el talento de no convertir tus propiedades en dinero como Malenita. Estando yo en casa no podrán prosperar esos chismes; porque seguramente son chismes...

¡Con cuánto desprecio le contemplaba Ana María!

—¡Para ser tan malvado como eres sería necesario que fueras menos cándido!... —díjole por fin, y con tal acento que sacó a Federico del empeño que ponía en ejecutar el papel que se propusiera.

—¡Y bien! —dijo éste exasperado—, ¿qué pretenden ustedes? ¿Quieren que nos declaremos la guerra? Pues tienen que saber que no hay más que dos caminos y un solo término. Yo necesito dinero; este es el término. Ustedes me lo han de dar o el Diablo nos va a llevar a todos. ¡Ya lo saben! Se acabaron las consideraciones. Entre las dos bien pueden proporcionarme 10 o 12.000 pesos; y acaso podré rehacer mi posición... ¿Qué menos pueden hacer, tú sobre todo, por el «buen nombre de la familia»?

—¡Infame! más que infame —dijo con sordo apostrofe la viuda—. ¡Has dilapidado en solo un año tu herencia; me has estado después saqueando continuamente y todavía quieres exigirme dinero!... ¡Cuánta razón tenía Nudoso cuando afirmaba que acabarías mal!...

Esta vez Ana María no había podido reprimir la expresión del sentimiento de justicia que a menudo se daba de cabezadas con la aversión que se esforzaba en mantener contra su difunto esposo. Esta debilidad contribuyó a excitarla más aún y, concluyendo, añadió:

—Quieres arruinarnos a todos, labrar la miseria a mi hija, bien lo veo; pero pierde las esperanzas; no lo consentiré, no, no lo consentiré. ¡Haz lo que te dé la gana, pero lo que es con un centavo mío no cuentes!

—¿Lo has pensado bien?

—Nada te importa. Esa es mi decisión.

Dijo, y salió indignada, entrando a poco en el cuarto que en la finca le servía de dormitorio.

Era aquél el primero de la derecha y comunicábase con los demás. Pasábase, pues, por él al que ocupaba Magdalena, que era el segundo.

Tenía la viuda sobre el corazón una pesantez que la anonadaba, y su deseo no era otro que dejarse caer sobre la cama, sobre un sillón cualquiera y deshacer en lágrimas el nudo, la bola aquella que subiéndole del estómago le apretaba el pecho y la garganta, y le desconcertaba todo el sistema nervioso. Pero al entrar le pareció sentir ruido en el aposento de Magdalena, recordó entonces el estado de ésta, recordó a María de Jesús y la prohibición que le había hecho, y abalanzándose a la puerta la abrió de un golpe y sorprendió el grupo de las dos mujeres en lucha por la recién nacida.

Era que Milenita, habiendo empezado por suplicar a María de Jesús que le dejase acariciar en sus brazos a su hija, y resistiéndose a ello la criada, alarmada por la excitación de la joven, terminó ésta por exigirle obediencia; pero más que a todo temía la esclava las iras de la viuda, y ahora sostenían una verdadera porfía: la negrita por huir al otro cuarto con la misma, y la enferma por arrebatársela y estrecharla contra su seno. En esta altura se apareció la señora.

Su primera acción fue agarrar por detrás a Magdalena para arrancarla de la criada y la niña, a las cuales se aferraba; pero en el estado de excitación de aquélla, habíansele triplicado las fuerzas, y volviéndose al sentirse cogida por los hombros, hizo con tal ímpetu presa en el cuello de Ana María, que la llevó de empuje hasta prensarla contra la pared opuesta, mientras con enronquecida voz le decía:

—Es mi hijo, mi hijo ¡maldita! y tú me lo quieres matar por envidia; pero yo te he de estrangular para que no lo hagas ¡infame! sí, te ahogo, te...

De improviso dio un fuerte grito y crispándose cayó de espaldas.

A tiempo llegó en auxilio de Ana María el ataque aquel de nervios, que la libertó de las garras de su enfurecida hermana; porque la cosa llevaba la traía peor intencionada.

III

Si Federico se hubiera hallado en la casa de vivienda hubiera oído las voces y, desde luego, tenido un motivo más para amenazar a sus hermanas al fin de sacarles dinero; pero le había sido corto el tiempo para ir a encontrar a Perecito, que andaba por la casa de calderas, donde algunos «matungos» se ocupaban en limpiar y dar lechada a los diferentes departamentos de la fábrica.

—¿Qué hubo? —díjole Perecito, saliéndole al encuentro.

—Lo peor que podía haber, chico. Se ha negado a todo —contestó Federico.

—¿Le hablaste de Gonzaga?

—Sí; pero no le hizo gran efecto eso. Tú no conoces a mi hermana. Tiene mucho genio...

—¡Qué, genio ni genio! Tú, que eres un mamalón... ¿De modo que hemos dado un viaje a China?

—Pero...

—Nada, nada, que eres un imbécil. ¡Todo lo haces al revés o a medias!... A Malenita no la he visto hoy, ¿has hablado con ella?

—No, no la he visto...

—Pues hay que fijar la atención en ese encierro. De un día para otro puede dar a luz, y nuestro primer cuidado debe ser el que, viva o muerta, la criatura no desaparezca sin que sepamos a dónde va a parar... ¡Tú lo has echado a perder todo!...

Y bajando la voz retiráronse con disimulo, contrariado Perecito por no haber notado antes que allí cerca se hallaba don Gumersindo Alfánez, el mayordomo encargado de la finca.

¡Buen punto era el Perecito aquel!

Por algunos años, muy pocos, fue un muchacho tolerablemente formal; pero en el corretaje de azacanes, que era la ocupación de su padre, no se podía llevar la vida que pretendía sostener; y después de dar varios disgustos de marca mayor al autor de sus días decidió emanciparse, y a poco su padre abominó de él, y él se olvidó de la existencia de su padre.

Era Perecito por aquella época el jefe indiscutible de una banda de mozalbetes que con su atrevimiento azotaban el rostro a la sociedad belmirandense. La Habana había tenido sus «tacos»; Belmiranda quiso también tenerlos y los tuvo; pero en los momentos históricos que en este libro se registran, padecía una notable decadencia el grupo aquel cuyos principales miembros habían proporcionado un respetable contingente a la anterior revolución armada.

Quedaba allí la broza únicamente; y para sustituir al jefe, que había cesado al perder su condición de soltero, habiéndose casado con una adorable buscona jubilada que le mantenía en buena estabilidad, habíale celebrado un banquete en los altos del restaurant El Palacio Nuevo, al cual concurrieron los más disciplinados componentes de aquel resto de la bulliciosa institución.

El Palacio Nuevo era el restaurant mejor situado y más concurrido por la juventud desocupada de la ciudad. En sus amplios salones relucían en suelo y mesas bruñidos mármoles y jaspes en toda su caprichosa variedad de colores. Deslumbraban por todas partes los espejos en lujosos marcos negros con sobredoradas y artísticas talladuras. Los prismáticos ornamentos de las lámparas reflejaban en irisados cambiantes la luz solar, o bien la del profuso alumbrado al terminar el día, que era cuando en su mayor esplendidez se manifestaba la vida en aquella inmensa arteria de la molicie social. Y alternando con las costosas lunas de espejo, cuadros de pintura, de mérito verdadero algunos, discutibles los más, pero exponentes todos del propósito de fascinar al transeúnte, atrayéndole con las apetitosas fiambreras repletas de las más delicadas exquisiteces exaltándole con los hermosos estantes de cedro barnizado, surtidos de rica botellería con sus etiquetas chillonas e incitantes, y aturdiéndole con el ruido de las vajillas, manejado todo por una dependencia amable, inteligente, cuidadosamente vestida y tan diestra en sus funciones que el servicio recordaba las habilidosas suertes malabares del circo. La cocina era todo un gabinete culinario con su jefe principal y sus directores subalternos, siendo cada pinche un activo funcionario de tan restaurador ministerio.

Situado como se hallaba el edificio en una de las esquinas opuestas a la Plaza de Armas, tenía en el portalón que daba a la calle menos concurrida, por donde se descargaban los efectos para la despensa, un depósito de hielo que, por mercantil inspiración, apareció una mañana convertido en pública expendeduría de nieve al por mayor y menor, con una tablilla de anuncio. Y como de la mano vino el que, haciendo él a un lado los cajones, las pipas y los barriles vacíos; recogiendo en ellos la paja del empaque, y colocando sobre el largo mostrador que servía para el despacho del hielo algunas tazas desportilladas, media docena de vasos y unas cuantas botellas con diferentes bebidas, se estableciera, como demostración del democrático espíritu de aquella casa, un lugar al que tuvieran acceso las personas de color deseosas de darse el gusto de saborear los helados, el café o los licores de El Palacio Nuevo. La idea dio un resultado brillante. En los días de fiesta popular, principalmente, era aquella helada pocilga un hormiguero en que se apilaban estrujándose, apretados, de pie junto al mostrador, mujeres elegantemente vestidas, reclamando a gritos cada cual su turno. El cantinero no daba abasto, y tenía que pedir brazos al dueño, contentísimo éste de aquel cuarto trasero que sin mesas ni espejos, sin esmero de ninguna clase en el servicio, rendíale sin embargo utilidad más saneada que todas las dependencias de la casa.

En el primero de los pisos altos, convenientemente dispuesto, hallábanse las mesas de billar, las de dominó y los salones reservados del hotel. Luego, otro piso, el último, dividido por el centro. En la sala fronteriza, amueblada con alardes de riqueza y decorada en seguimiento del orden efectista que dominaba en toda la casa, veíanse, en calculado desaliño situadas, las mesas de tresillo y de ajedrez, auxiliadas por una escogida biblioteca en que lucían caprichosamente empastadas las obras de los más acuñados preceptistas de ambos entretenidos juegos, hallándose entre las de Greco, Philidor y La Bourdonnais la merecidamente estimada del erudito Andrés Clemente Vázquez, publicada poco hacía en la vecina república mexicana. Y en la parte del fondo, el «salón de recreo», el cual se cedía gratis y completamente arreglado siempre que lo pidiera cierto número de parroquianos, con la anticipación señalada por el dueño del establecimiento. Allí se celebraban a menudo bailes de perfumada inmoralidad, de refinada indecencia; y con el mejor tono y la despreocupación más aristocrática se arrastraba entre las inmundicias del libertinaje la dignidad de un buen marido, el prestigio de una modesta familia; y el orgiástico desenfreno, a paletadas se arrojaba fango de ignominia al rostro de todo un pueblo que se permitía pensar en la libertad.

Aquel suntuoso establecimiento a la moda era el centro natural, insustituible, de los miembros del «Club de los Monteros», una asociación *sportiva* cuya existencia conocían muchos, sin que pudiera ninguno demostrar su personalidad, porque carecía de estatutos. Era una como fracción de «lo más granado» de la «taquería». El grupo sostenía en los altos del restaurant la banca en que diariamente pasaban de unos a otros bolsillos considerables sumas lanzadas al azar de los juegos de naipes.

En días señalados, especialmente en las fiestas del Carnaval, retirábase el tabique divisorio del centro, y aquel salón inmenso, el más grande que había en Belmiranda, con sus numerosas ventanas que daban acceso a las salitrosas brisas del mar cercano; con su alto techo y su marmóreo piso, dedicábase a la celebración de grandes bailes, en los que jóvenes blancos se divertían con mulatas jóvenes de temperamento quebradizo, sin que escasearan blancas mujeres de vida libre y porvenir momentoso.

Era El Palacio Nuevo el cuartel general de la mocedad licenciosa y el laboratorio de todas las calaveradas y no pocas infamias que a un extenso número de familias llevó lágrimas y luto en aquellos tiempos. En aquellas mesas de luciente pórfido se firmaron las actas más indignamente mañosas de frustrados «lances de honor»; en derredor de aquellas mismas mesas, cubiertas de copas y botellas de coñac, pactáronse malvadas correrías que cierta vez dieron por resultado la profanación de dos señoritas de la más encumbrada sociedad, que engañadas mientras paseaban por la arenosa playa, entre las quintas de recreo, penetraron en una cuyos dueños se hallaban accidentalmente ausentes; y de allí, de aquellas mesas del vicio se habían separado los que pocas semanas hacía, en la misma Plaza de Armas habían asesinado a tiros a un joven, ayudante del comandante militar de la provincia, por rivalidades amorosas en que mediaban nombres muy principales; y, por supuesto, en aquel restaurant a la moda campaba Perecito por sus respetos nunca disputados.

IV

En el banquete que en El Palacio Nuevo se celebró para nombrar nuevo jefe, cada cual, según se había hecho antes, debía exponer los méritos que creía tener para ser por todos acatado como tal. La lección debía hacerse por aceptación unánime, escogiéndose entre los candidatos al «más taco», y aquel sería el jefe «mientras no se hiciere indigno del cargo». Y Perecito sobresalió a todos, probando que no tenía oficio; que carecía de rentas; que no tenía esperanzas de heredar a nadie, puesto que él era el más adinerado de su familia; que tenía hecho el propósito de no trabajar en el resto de su vida; que vestía según el último figurín; que montaba excelentes caballos; que comía en los restaurantes más acreditados; que frecuentaba la mejor sociedad y todos los lugares a la moda; que era un camorrista refinado, en posesión del secreto de todas y cada una de las armas caballerescas y de todos los «códigos del honor», y, en fin, que con la misma destreza, a fuer de petardista simpático y meritísimo fullero, tallaba la baraja, superando en serenidad y elegancia a cualquiera de sus amigos. Y la aclamación no pudo menos de ser entusiásticamente unánime.

Tal es, a grandes rasgos, la fotografía moral del popular Perecito. Su retrato físico, aunque no tan interesante, complementaba los dones de su notable personalidad.

Era de blanca y tersa piel; de faz lampiña y bien perfilada; de ojos negros, no «almendrados» sino de esos que parecen querer rodar fuera de las cuencas, bailando siempre con cierta expresión de travesura que acababa por hacerse fastidiosa; de pelo como los ojos, negro, y graciosamente rizado; de boca no muy grande, pero que lo parecía un tanto por el insinuante grosor de los labios, que a menudo mostraban una diáfana y blanca dentadura por no pocas bellas envidiada; de regular estatura, tirando a corta, pero de formas notablemente correctas. En conjunto habría servido a maravilla para modelar un Adonis, lo que hacía que se esforzaran por semejársele todos los que componían aquella memorable «juventud divertida», como con tolerancia suma les llamaban las gentes bonachonas que no los conocían.

En el último Carnaval había ocurrido un hecho que determinó el odio de la «taquería» contra la sociedad formalista. El popular Perecito, que gustaba de lucir sus redondeces y pronunciadas formas de mujer fuerte y hermosa, en unión de Fico y otros dos o tres elegantones, también de mas o menos femeniles dotes corporales, disfrazóse, no de Adonis, ni siquiera de Narciso, sino de incitante *Sensualina*, lo que estaba, más acorde con su perversión moral.

Habíase entallado el acorsetado busto con ricas telas de raras combinaciones de azul, blanco y carmesí, espantablemente deslumbrantes de lentejuelas y abalorios de menuda obra, cautivando en plazas y paseos la atención de toda aquella sociedad dichosa, consagrada al culto del placer liviano. Faldas no llevaban los disfrazados, eso habría resultado prosaico, puesto que el tocado era cosquillosamente femenino, y por demás lubricitante el abultado y descubierto seno. Así manteníase exaltada la imaginación, a la vista de las trusas o gregüescos en correspondencia con el jubón respectivo, ciñéndose las piernas hasta lo alto de los muslos con medias de finísima seda, cuyo color rosado hacía pensar en las morbideces de la carne, en los ardores de la sangre, y en las finalidades de la actividad amatoria. Nada habían olvidado en su indumentaria escandalosa; ni siquiera los zapatos de escarpinado trasunto, al estilo Luis XV, de alto frente y tacón fino tirado con graciosa corvadura hasta la mitad del pie.

Después de haber alborotado por todas partes durante el mortecino Sol de la tarde, hallábanse los disfrazados alrededor de una mesa en la planta baja de El Palacio Nuevo, rodeados de curiosos que su descaro aplaudían, cuando sonó vibrante el cornetín que tocaba un conocido danzón, con el cual iniciaba su fiesta la sociedad La Tertulia, que estaba situada en frente, al otro lado de la espaciosa plaza. Y aquel agudo trompetazo, que fue gradualmente desvaneciéndose hasta terminar en cadencioso picado que hizo mover los pies a los entusiastas aficionados que lo oyeron, germinó una idea agresiva en el turbulento cerebro de Perecito.

—¿Qué les parece a ustedes? —dijo—. Se me ha ocurrido dar un asalto. Demos un asalto a La Tertulia...

—¡A la Tertulia!... —repitieron dudosos algunos—. ¿Con estos trajes?...

—¡Bah! Con otros hemos ido ya bastante. Rompamos la monotonía del hábito. Hay que pasear triunfante nuestra desnudez por toda la sociedad.

—¿Y si nos botan?

—Si nos botan... bueno, ya veremos. Por lo pronto debemos pensar únicamente en ir allá. Los que tengan miedo pueden quedarse. ¡Gerardo! trae otra botella de coñac...

Para este tiempo ya había en derredor de la mesa unos diez o doce disfrazados. Uno de Arlequín, con un costoso traje; otro de Bobo de Coria, y dos de caballeros cortesanos de la época de Felipe el Hermoso; los demás iban de dominó. Todos prorrumpieron en aclamaciones de aprobación y se rellenaron las copas.

Pocos momentos después daban las once. Levantáronse todos, y se pusieron en marcha, seguidos de una larga cola de curiosos dispuestos a aplaudirles en el triunfo o silbarlos en la derrota. Perecito iba a la cabeza, entre sus compañeros de vestimenta. Al llegar a la sociedad les seguía una muchedumbre. Todos querían presenciar el acto. La entrada en el salón, al nivel casi de la acera, fue un triunfo, si éste debía señalarse por el escándalo. Levantóse un murmullo general en la concurrencia, que podía ser tanto un aplauso como una censura. La multitud aplaudía desde la calle y vitoreaba a «los tacos». Algunas señoras salieron del interior a recoger presurosas a sus hijas, alejándolas del alcance de aquella avalancha. Los gritos de los curiosos de afuera ensordecían los aires. «¡Que bailen! ¡que bailen!» vociferaban entre palmoteos. El que en la comparsa iba disfrazado de Arlequín, se plantó de un salto delante de una estirada matrona que se llevaba de arrastre a una joven, y entre las risotadas que provocaban sus morisquetas le pidió permiso para bailar con la damisela el primer danzón; con lo cual acreció la furia de la severa señora. Después se supo que era tía del joven Arlequín, y la señorita, su prima. El mayor número de damas permaneció en la sala, algunas riendo francamente las travesuras del Arlequín y los Bobos de Coria, mientras otras, ocultando con artística gazmoñería la nariz detrás del abanico, delataban con la mirada y a pesar de su afectado desdén, la atracción que en sus ánimos operaban los marfilíneos contornos de los brazos, el cuello y los hombros de aquellos mocetones fantásticamente coloreados con los más teatrales atrevimientos, y expuestos a libre examen por el desvergonzado escote del corpiño, doblemente sugestivos por la sobrexcitación de la fiesta carnavalesca. Sí, admiraban aquellas varoniles desnudeces, y adormecidas en deleitosas imaginaciones que la lengua siempre calla, transportábanse a las épocas remotas de la historia, y animando caracteres evocaban las escenas más licenciosas de las bacanales griegas o las liberalias de los tiempos mesalínicos —que no otros pensamientos llevaban aquellos agraciados mozos a la cultivada inteligencia de las damas que en La Tertulia eran capaces de aplaudirles.

Por fin hubo entre los directores del aristocrático centro decisión bastante para suplicar a los intrusos que se retirasen «por respeto a las señoras». A lo que «accedieron». Y un momento después salían escupiendo injurias a la faz de «la orgullosa sociedad» que los lanzaba, yendo bajo la tremenda rechifla de la obstinada turba multa, a disipar su despecho en los departamentos reservados de El Palacio Nuevo, donde celebraron un «banquete de indignación», que dio mucho que hablar después en toda la ciudad durante varias semanas.

Desfogaron allí su rabia, juraron vengarse terriblemente del ultraje recibido, y se entregaron a toda clase de excesos, en la mesa primero, más tarde en el baile del último piso.

V

Dos semanas hacía que se hallaba Magdalena a merced de cuantos experimentos sugería la inédita farmacopea salvaje a la solicitud del clandestino protomedicato rural... o, para expresarlo sencillamente, aunque no con la genial cultura del celebrado cronista de *El Papirus*, dos semanas hacía que los negros «brujos» de la flaca, y los curanderos campesinos de ambos sexos de aquella comarca se esforzaran por complacer a la señora viuda de Nudoso, empeñados en devolver la salud a su joven hermana, sin que —no obstante el buen deseo de todos— se notase mejoría ninguna en la enferma. ¡Qué vale decir mejoría! De mal iba a peor con cada nuevo esfuerzo la infortunada Malenita, que a causa de los padecimientos físicos y morales que sufriera en los azares de su penoso alumbramiento, habíasele a tal punto debilitado el cerebro y desorganizado los nervios que no recobró su normalidad desde aquel tremendo colapso que la salvó del crimen de fratricidio, el cual sin ello habría indudablemente cometido.

Entre la vida y la muerte estuvo la joven los primeros días del puerperio, y tan persistente y elevada había sido la fiebre que la aniquilaba, que más de una vez llenó de terror su estado a su hermana, la cual había decidido arrostrarlo todo antes que llamar a un facultativo.

—Nada de médicos —habíase dicho en sus soliloquios—; enseguida se sabría lo que no debe saberse y... no, no, los médicos son unos indiscretos que «en confianza» dicen todo lo que saben.

Y con unturas y fricciones para los dolores, y cocimientos de yerbas y raíces para la calentura, pasaron uno tras otros los días sin que se manifestara alivio alguno en el padecimiento; y si antes, para que no se descubriera el tayuyo, no había querido la señora llamar a ningún médico, ahora no había que pensar en ello, pues cuanto en su estado atáxico hablaba Malenita era, si bien incoherente, comprometedor en extremo, dado que se refería constantemente a «su amor desgraciado», a «su hijo del alma», y otras citas parecidas, que a ninguno de cuantos las oyesen dejarían de sugerir todo lo que había sucedido.

—¡No, no —repetíase Ana María en estos pensamientos—; la muerte antes que el descrédito moral!

Y a todo estaba dispuesta.

Lo que más la contrariaba por el momento era no tener a su lado a María de Jesús, no solo por la actividad de la inteligente criada sino porque, a más de su demostrada discreción habíanle las circunstancias hecho conocedora de aquella desgracia de familia, y con esto se habría evitado un nuevo confidente; pero María de Jesús se encontraba en un sitio de labranza colindante al ingenio, encargada de cuidar de la recién nacida, a quien una moza hija del viejo aparcero de aquella estancia se había prestado a lactar con la perspectiva de una generosa recompensa.

Desde el día siguiente al nacimiento de la niña se hallaba allí María de Jesús que había sido llevada por la noche con todas las precauciones que pudo tomar el astuto Liberato, el cual, encargado de ello por su ama, había encontrado aquel refugio. Y para el servicio de la casa había hecho venir la señora a una antigua esclava que en la enfermería servía de asistenta.

Tal había sido el interés que por la enferma tomó la rústica Gregoria que, viendo el ningún resultado de los brebajes que le propinaba la viuda, con la ingenuidad del creyente ponderóle los dones prodigiosos de un «taita-Fenando-congo» que había allí en la finca, un viejo de edad incognoscible que, al decir de sus compañeros, volaba todas las noches para comunicarse con sus «carabelas» de otras fincas y en tenebroso aquelarre acordar por calidad y número las personas que, habiéndoles ofendido a ellos o a sus «ahijados», debían morir o padecer miserias y persecuciones; y al cual *taita*[4] le atribuían poderosas facultades para «curar el daño» y «sacar

4   Macho, animal o humano, que ha engendrado o adoptado hijos
    Sinónimos: padre, papá (coloquial), tata (América, coloquial).
    Por extensión, varón mayor o que merece respeto.
    Ámbito: Bolivia, Chile, Colombia, Cuba, Ecuador, Honduras. (N. del E.)

del cuerpo los malos espíritus». ¿No sería daño lo que tenía la «niña Malenita»?

Era «taita-Fenando-congo» un hombre de historia. Contábase que una compañera de esclavitud y trabajos que no le quiso cuando él la pretendiera, fue «de las primeritas» que salieron para «el otro barrio», en la epidemia del cólera que el demonio del vengativo viejo hizo venir al siguiente año de recibido aquel desaire. A otro compañero que irreverentemente se negó a convidarle cuando con otros compinches empinaba «malafo»⁵ un «día de tambor», no pasaron seis meses sin que le diera el mayoral «un fondo». Cierto que al castigado le habían cogido camino de la taberna cercana con una lata de azúcar centrifugado; pero la verdadera causa de los azotes, y hasta la comisión del delito, según la general creencia, había sido el «trabajo»⁶ del viejo Fernando contra el irrespetuoso lacayo. Y así, por el estilo, corrían innumerables consejas.

Pero lo que había dado al taimado brujo ineclipsable fama e incondicional acatamiento, fue el caso de «Basilia criolla».

Era ésta una joven negra de buena planta, limpia de persona, graciosa de maneras aun en su incultura, y tan admirada de los varones como bien querida por las hembras. Se había entregado desde su pubescencia a un compañero suyo, «candelero», de doble edad que ella por lo menos, y de muy mal carácter, acaso por ser un borracho incorregible. Siempre estaba sufriendo alguna condena, y ya comenzaba a invadirle el rostro la tumefacción alcohólica. Pero ella le quería, al extremo de sufrir algunos castigos por serle fiel y no acceder a las exigencias del boyero, que era sobrino del mayoral don Lisardo.

---

5 Aguardiente en la jerga afrocubana. (N. del E.)
6 En la «santería» significa hechizo o conjuro mágico. (N. del E.)

La mayor desgracia de «Basilia criolla» era la de perder sus hijos de los ocho a los veinte días de nacidos. Tres llevaba dados a luz y muertos los tres en aquel período... «Taita-Fernando-congo» estudió el caso, examinando detenidamente el cuerpo del tercer niño que murió; y su ciencia le convenció de que aquellos seres, varones todos, no eran sino la primera criatura nacida, que retornaba al seno genital de la madre, y como ya eran materia dispuesta, venían con los días contados. El «taita» propuso que al cuarto hijo se le hiciera una señal cuando muriese, lo cual sucedería si no había cesado aquel reflorecimiento que era, según el brujo, la manifestación de un fuerte «bilongo»,[7] trabajado por un «padrino» muy poderoso.

Nació a su tiempo el cuarto varón, y al instante dijo el viejo a su madre:

—No te pura po néye; son lo mimo muchacho.

Y en efecto. A los quince días o cosa así ya estaba enterrado. Pero esta vez, antes del sepelio el viejo Fernando tuvo el cuidado de amputar al cadáver del niño la falange extrema del meñique de la mano izquierda. Esta era la señal. Cuando naciera otra criatura se vería. Si traía el dedo cortado, era el mismo ser, y consiguientemente seguiría la suerte de los otros; si no traía la marca sería otra criatura, y entonces habría esperanzas de que «Changó»[8] la salvase.

Pero el brujo no lo fió todo al augurio. Compuso misteriosamente unas tisanas que «Basilia-criolla» debía tomar con regularidad, y le hizo además unas cuantas «limpiezas» en todo lo que restó de año, en las cuales «limpiezas», con gran asombro de todos, le extrajo del cuerpo dos grandes sapos vivos y un camaleón medio muerto (diríase que de una pe-

7 Mal de ojo, o conjuro negativo. (N. del E.)
8 Orisha o santo de los cultos de origen africano. (N. del E.)

drada, a juzgar por la equimosis que presentaba cerca de la cabeza); y con los sapos y el verdinegruzco lagarto extrájole también el brujo un buen puñado de lombrices que parecían acabaditas de coger a orillas del abrevadero.

Aquello fue el desequilibrio. Todos a una confesaron que era imposible que «una cristiana» diera a luz criatura capaz de vivir, teniendo semejantes alimañas en el cuerpo; y Basilia declaró espontáneamente que después de aquella «limpieza» se sentía como si la hubiesen hecho de nuevo.

Vino a turbar su contento la muerte de Gabino, su hombre querido. Reventó precisamente por aquellos días, al echar el hígado en la última borrachera. Esto, naturalmente, hizo retardar la prueba ofrecida por el eminente brujo.

Nada es eterno, sin embargo. Algún tiempo después se consoló «Basilia-criolla», y dio a luz una criatura que achacaron unos al maestro de azúcar, y otros al mayordomo de la finca, pero nada se supo de cierto. Solo resultó triunfante la ciencia de «taita-Fernando-congo». La criatura no era la anterior, no ¡qué había de ser! Era hembra y mestiza y con todos sus dedos completos. Y cuando estaba próxima a cumplir quince meses la niña, dióle su madre un robusto hermanito, negro y luciente como un azabache, y también con sus miembros completos, para confirmación definitiva de la sabiduría del brujo.

Este era el nuevo curandero que debía disputar a la muerte la vida de Malenita, devolviéndole la salud y el juicio.

VI

Pensando estaba Ana María en hacer venir a «taita-Fernando-congo», cuando le anunció Liberato que «don Tribusio» quería hablar con ella.

«Don Tribusio» era el sitiero, padre de la mujer que se había encargado de la crianza de la recién nacida.

¡Qué desgracia! Don Tiburcio se lamentaba amargamente, con la socarronería de un buen guajiro. La negrita «se había juío» llevándose la niña. «Por toitiquiticas partes» la había buscado el viejo sitiero, y por ninguna parecía «el demongo de la negra». Por eso había él venido «reventando el arrenquín», a decir a la señora «lo que pasaba con su ahijaita y la negra», y que solo faltaba «dal palte al teniente».

Ya no había «tenientes», pero aunque los hubiera; nada de partes. La señora prefería que se buscara en silencio. Mas ¿qué podía ser aquello? Ana María no se lo explicaba. María de Jesús, tan racional, tan buena servidora... ¿Cómo era que «se huía» cuando en más libertad se hallaba? Y sobre todo ¿por qué se llevaba consigo la niña?... ¡Ah! ¡qué sospecha!... ¿Sería Federico el autor de todo aquello, para sacarles el dinero que ella y Malenita le habían negado?... ¡Sí, buena estaba Malenita para dar dinero!...

Y lo que era ella, Ana María, ya lo había dicho; ni puesta en cruz le daría un centavo. ¡Ojalá fuese Federico el secuestrador!...

—El señó don Gumesindo quiere hablá con la niña —dijo Liberato, entrando.

—Que pase —se apresuró a decir la viuda, como si en esto viera una esperanza.

Don Gumersindo Alfánez, paisano del difunto señor Nudoso del Tronco, era el mayordomo encargado del ingenio Candelaria. De catorce años de edad había abandonado la casa de sus padres, allá en Tarruesa, y sin un cuarto en el bolsillo salvó las diez leguas que le separaban de Santander. Allí estaba en un muelle, viendo cómo descargaban unos barcos y cargaban otros, llamándole sobre todo la atención uno próximo a zarpar atestado de harina. Era el bergantín «Zozobra», que estaba consignado a los señores Fulánez y Sobrinos, de La Habana. Y tal fue la comezón que le entró de venirse a Cuba, que con cierta maña logró esconderse por algún rincón en la bodega, de donde no salió hasta tres días después, obligado por el hambre. Comió, sí, pero le tarabitaron en barras, y dos meses más tarde, al llegar a La Habana le libró de ser entregado a las autoridades la firma consignataria que tras un largo interrogatorio le metió en una panadería ya que en sacos de harina se metiera él para probar fortuna. Trabajó bien, pasó al mostrador, auxilió en la carpeta, le encargaron algunos cobros, y desapareció de la casa llevándose unos 200 pesos cobrados. Tuvo mala suerte esta vez. Fue preso aún con el dinero robado; mas su aspecto simpático le hizo carrera en el ánimo de sus guardianes y a los seis meses de prisión le permitieron ingresar en el Hospital, donde se hizo farmacéutico. Veintiséis años contaba cuando de allí salió para colocarse en una droguería de Belmiranda. Pero Gumersindo quería más libertad de la que gozaba en aquel establecimiento. Pidió, pues, su cuenta, salió y se dedicó al corretaje de mercancías, sin ramo determinado. En estos oficios conoció al señor Nudoso, y tras algunas comisiones quedó a su exclusivo servicio, secundándolo maravillosamente en todas las combinaciones bursátiles y mercantiles que le confiara aquel maligno lobo de la banca. Y a fin de poner en práctica el señor Nudoso un atrevido proyecto que venía imaginando, poco antes de morir había colocado a Gumersindo, que ya se hacía llamar *don* Gumersindo, al frente de aquella finca, en calidad de «mayordomo regente», título creado por el diplomático traficante, sin duda para hacer viable el exiguo sueldo que le había asignado. Don Gumersindo continuó en su puesto después del fallecimiento de Nudoso, y siguió presentando a la señora viuda sus estados anuales, modelos de corrección en la forma y de precisión en el fondo.

Ahora había terminado el estado de la última «zafra» y el presupuesto ordinario para la próxima venidera; pero además exponía con lujosos detalles un vasto plan de reformas que recomendaba a la atención de la señora.

«¡Ah!, ¡si don Gumersindo la ayudara!» —pensaba Ana María—. Y ¿por qué no? ¿Acaso no había demostrado, aunque tímidamente, su afición por la enferma? Pues ahora se le presentaba una oportunidad para hacer méritos, y cuando sanara Malenita... ¿quién sabe? Tal vez ella, la viuda, le ayudaría como ayudó su padre a don Acebaldo, que era ni más ni menos que don Gumersindo, el dependiente de la casa cuando los casó el señor Unzúazu.

El mayordomo apareció en el umbral de la puerta que daba al corredor del batey.

—Pase usted, don Gumersindo —díjole sonriendo la viuda.

—Esperaba que me diera usted su permiso para presentarle el estado de la última zafra, acompañado de...

—Sí, el estado; démelo acá —y cogió el rollo de papel que le traía el mayordomo.

Ana María observaba en rápidas miradas el rostro, el aspecto general del mayordomo. Hasta ahora no había notado que era un hombre de agradable presencia, de modales si no distinguidos lo suficiente respetuosos para ser aceptables; y en lo poco que con él había hablado comprendía la señora, ahora que se fijaba en ello, que no carecía de instrucción el dependiente. Luego, era persona cuidadosa de su cuerpo y de su traje; siempre con su camisa limpia y su barba recortada. En cuanto a su carácter no pensaba la viuda que fuera reprochable, una vez que los esclavos no se quejaban mucho de su trato, que los empleados a sus órdenes se hacían inamovibles, y que desde la «enfermedad de Malenita» demostraba don Gumersindo un interés creciente por la salud de la joven.

—¿Cómo va la señorita? —preguntó.

—Lo mismo, don Gumersindo, lo mismo —respondió distraída—. Esa dolencia es tan pertinaz...

—Nada había querido decir a la señora hasta hoy; pero tengo un amigo y paisano médico; es decir, lo que se llama un verdadero amigo, un excelente médico... Estudió en París. Se ha distinguido mucho en la ginecología, y si viera a la señorita...

Con cierta mezcla de alarma y alegría oyó la viuda al mayordomo. ¿Qué intentaba significar con remarcarle que el médico aquel era «lo que se llama un buen amigo»? ¿Era que sabía algo?... Ahora le asaltaba una idea que le quemaba el cerebro. Don Gumersindo no había demostrado curiosidad ninguna por saber qué había sido de la negrita María de Jesús, cuya ausencia debía haber advertido... ¿Estaría el mayordomo al cabo de todo? ¿Sería un redomado que iba directo a su negocio, o era un imbécil que solo tenía talento para regentar la finca? En la situación que se había creado Ana María dudaba de todo y desconfiaba de todos. Y se propuso observar al empleado. Pero don Gumersindo, como si respondiera al pensamiento de la señora, díjole:

—Mi amigo, señora, es persona de toda mi confianza, y es seguro que no hará sino lo que de él se desee...

—Y yo ¿qué puedo desear sino la salud de mi hermana?

—Bueno... es verdad... pero... hay enfermedades... especialmente en las señoras... vamos, que no es conveniente que sean divulgadas entre los familiares; y mi amigo...

—Sí; su amigo de usted, en el caso de que hubiese algo que reservar, no se lo diría a nadie, excepto a mi señor don Gumersindo...

—¡Oh! De mí nada debe temer...

—Ni de usted ni de nadie, don Gumersindo. ¿Acaso tiene algún tapujo mi familia? ¿O es que el señor don Gumersindo duda del buen nombre que tenemos acreditado?...

—¡Ah, señora! —dijo el mayordomo con el tono más apesarado—. ¡Cuánto siento no haber sabido explicarme!... ¿Cómo he de dudar, señora mía, del buen nombre de su familia, si por conservarlo en las mejores condiciones haría yo cuanto se me pidiese?... No, no, señora; yo no quiero saber nada, absolutamente nada más de lo que me importa para engrandecer la hacienda a mi cargo... Dispénseme la señora, y no dude en contar conmigo para todo lo que necesite mandarme.

Y como si le pareciese que había dicho lo bastante por aquella vez, el mayordomo pidió permiso para retirarse a sus ocupaciones, y salió repitiendo sus ofrecimientos.

Ana María, viéndole marchar sonreía desdeñosamente, comenzando a penetrar las intenciones de don Gumersindo. Este, por su parte sonreía también; pero en su rostro podía notarse la satisfacción que experimentaba por el curso que llevaban los sucesos.

VII

La viuda se acercó un instante después, cautelosamente pasó, a la alcoba en que se hallaba Malenita, y ladeando la cabeza para escuchar con toda atención, permaneció algunos segundos en aquella postura.

Más que los pasos percibió la sombra de Liberato, quien, encomendado por su ama de vigilarlo todo, no tenía lugar vedado a su constante ronda.

Ana María salió del cuarto sin dirigir la palabra al criado, el cual a su vez la vio alejarse sin decirle nada tampoco.

Pensando y conjeturando sobre lo que había hablado con don Gumersindo, volvió la señora a ocupar su mecedor en la sala; y como tuviera aún en la mano el rollo de papel que le entregara el encargado, abriólo como por máquina, y sin intención de leerlo paseó abstraídamente la vista por aquellas tandas numéricas, explicadas por sendas líneas escritas con firme pulso y letra hermosa y clara, que sin tener la elegancia de la caligrafía inglesa, mejoraba en grado sumo la angulosa rigidez de que adolece la española.

El pliego adjunto, nutridamente escrito despertó el interés de Ana María. Nunca lo había hecho tan largamente el mayordomo. Y comenzó a leer entre curiosa e indolente. Luego siguió con empeño, queriendo descubrir entre una y otra línea el móvil que inspiraba aquella extensa exposición.

Con irreprochables argumentaciones mercantilistas que recordaban al último jefe de la historiada familia, describía don Gumersindo la decadencia en que se hallaba el ingenio Candelaria, cuando cosa de cuatro años atrás se hiciera él cargo de su regencia; y enumeraba con minuciosidad cronológica los progresos realizados en la hacienda, ora mejorando los edificios, otrora uniendo al terreno ciertas porciones que aumentaron considerablemente su extensión; más luego fomentando en apropiados departamentos las diferentes crías que constituían una riqueza adicional muy apreciable; apuntaba cómo de las doscientas setenta «piezas de dotación» que había cuando él entró en la finca, solo quedaban unos veinte esclavos que no habían podido ser «traspasados», unos porque eran ya «inservibles por gastados» y otros porque, siendo «coactados»[9] habían preferido el trabajo en «su casa vieja». Fuera de éstos, el resto había sido vendido a los mejores precios, atendiendo a que a los valores aquellos habían claramente señalado «la deplorable baja» a que los condenaba «el nuevo orden de cosas», pero con el procedimiento del perspicaz mayordomo nada había ya que temer, «la epidemia liberticida» no castigaría a la sucesión de don Acebaldo Nudoso del Tronco. A la hora presente, el servicio de la Candelaria se hacía por contratación; lo que no era ni con mucho el trabajo libre, pero tampoco era exactamente la material esclavitud de tiempos anteriores. Mas, lo que en realidad sobresalía en la relación financiera del mayordomo era que el capital resultaba casi doblado y saneado en toda su integridad. Y con la sencillez afectada de quien da por propio invento lo aprendido de otros, pasaba don Gumersindo a la explanación del magno proyecto.

Sería de ver la nueva instalación. Grandes aparatos provechosamente combinados con los existentes que mereciesen ser conservados; máquinas poderosas de moler más, mucho más de lo que ahora se podía; acaparar todos los campos vecinos; anular los «cachimbos», los pequeños ingenios, re-

9 Se refiere a la «coartación» que era el derecho legal del esclavo a comprar su libertad pagando a plazos un precio pactado con su propietario. (N. del E.)

duciéndolos a la simple condición de «colonias tributarias». Cada uno de aquellos predios independientes se convertiría en una dependencia agrícola, cuya autonomía sería solo una ilusión que la realidad del dominio «centralizado» en el ingenio modelo se encargaría de disipar.

Don Gumersindo decía que éste era un ideal que venía robusteciendo en su cerebro desde el primer año de su estancia en la finca. Todo decía haberlo estudiado, y todo, según él, favorecía la práctica de aquellas teorías. Los rendimientos, a no dudarlo, serían colosales, desproporcionadamente superiores a los costos que demandaban y que, por cierto, no eran pequeños. Pero también en esto había pensado el mayordomo. Dinero no faltaría. Estaba seguro de obtener el necesario para montar el gran molino sobre la base de su proyecto, y para ello solo pedía la autorización de la señora, y que se le considerase desde la implantación de las reformas como «socio industrial y gerente de la empresa».

Cuando Ana María leyó aquel doble pliego, sintió un remusgo que le hizo dudar de la pretendida originalidad de aquel documento. No; aquello no debía ser obra de don Gumersindo. Y sin darse cuenta de ello pensaba en su difunto esposo, que a su pesar le embargaba la memoria siempre que se trataba de negocios administrativos en los cuales se ahogaba ella. Cierto que el mayordomo había desempeñado con celo e inteligencia su cargo; pero el proyecto este se salía de cauce. Acaso no tendría don Gumersindo en todo aquello más que su famosa letra, clara, de firmes gruesos y delicados finales, y tan pareja una con otra que parecían hechas por un molde. ¿No sería su hermano Fico el promotor de aquellos proyectos?... ¡Tal vez!...

La viuda creía ver en ello algo de los descabellados planes de su hermano, cuando entre otras estupideces quiso hacerle creer que soñaba «¡el muy sandio!» con ganar muchos miles de pesos, jugando «a la dobladilla» en el Club de los Monteros... ¡Quién sabe Fico! Pero ¿sería capaz don Gumersindo de prestarse a semejante Infamia?... ¡Tantas cosas venía viendo, que ya no dudaba de nada!... Quizás se reducía todo a un deslumbrante escarceo de don Gumersindo aquel, para saciar su ambición de lucro. ¡Oh, sí! seguramente el afán de enriquecerse movía al mayordomo ¿Cómo si no había de manifestar su inclinación por Malenita?, sabiendo que... Porque, ¡era imposible que no lo supiera!... Y aún así, y acaso por esto mismo, persistía en «atravesar la sangre a la familia». ¿Querría beneficiarse de tantas desgracias como sobre ésta caían a un tiempo mismo? De todos modos, ella, la viuda, no entendía del galimatías aquel del «ingenio modelo». Aun de este otro que no era «modelo» se le alcanzaba bien poco. Pero al presente iba bien la cosa, una vez que en cada liquidación anual resultaban de 12 a 15.000 pesos «libres de polvo y paja». ¿A qué meterse en nuevo experimento?... No obstante, lo consultaría con su abogado... ¡Ah! ¿Qué necesidad habría de semejantes perplejidades si «el imbécil aquel de Gonzaga» hubiera continuado al frente de sus negocios?...

—¡Bah! Sería muy capaz de arruinarme —concluyó la viuda— para complacer a su querida y exhibir como animal de lujo a la pazguata de su mujer... ¡La muy estúpida!...

De nuevo apareció Liberato.

—¿Qué quieres? —preguntó la señora viendo que el criado se acercaba sin hablar.

—Quería desir a la ñiña que el viejo sitiero me párese que la etá engañando.

—¿Por qué dices eso?

—Porque dende antiayer se embarcó María Jesú en el tren de Benmiranda, y hata hoy no ha venio a avisar.

86

—Y tú ¿cómo no me lo habías dicho?

—Ñiña, yo no lo he sabío hata oritica. Cuando salió don Tribusio me dijo que hase tre día que no decansa naide en su casa, bucando a María Jesú. Y el mayordomo dise que María Jesú se embarcó antiayer por la tarde en el paradero de Matarife.

—¡Ah!... Don Gumersindo sabía...

Ana María se quedó abismada en pensamientos diversos. ¿Qué sería todo aquello? ¿Quién tenía interés en apoderarse de la niña? ¿Era su hermano Federico o era el mayordomo?... Lo cierto, fuera quien fuese, era el descubrimiento de todo; porque don Gumersindo no debía ignorar nada. ¿Y cuál podía ser su objeto al guardar secreto sobre lo que sabía? ¿No sería mejor abordar el mal de frente? ¿Por qué no entenderse directamente con el hombre aquel y saber lo que de él podía esperarse?... Pero ¿qué podía ser? ¿No lo había insinuado suficientemente en todas sus demostraciones?... Sí, pero hablarle directamente, pensaba la viuda, sería rebajarse demasiado... y también entregarse a su capricho...

—¿Tienes algo más que decirme? —díjole al criado.

—No, niña; pero si la niña Nanía me da su permiso, yo me comprometo a traele aquí a Marta de Jesú...

—¡Entonces tú sabes dónde está!...

—No, niña Nanía, yo no sé aónde etá; pero yo la buco... si la niña quiere...

Ana María se quedó un instante pensativa. Después levantó de pronto la mirada hasta el esclavo:

—No —le dijo— no quiero que la busques tú. Retírate.

VIII

Pensando estaba aquella tarde Ana María en aceptar los ofrecimientos de don Gumersindo y hacer venir al médico que tan especialmente le recomendara, cuando se detuvo el tren de pasajeros en el apeadero de la finca. Y enseguida, como era de costumbre, envió el mayordomo la volanta.

—¿Quién será? —pensó Ana María; y casi se convenció de que era su hermano Federico o algún emisario suyo en petición de dinero.

Media hora después detenía el viejo Pío la volanta a la puerta de la casa de vivienda.

—¡Ah!... ¡El doctor Alvarado!

Esto lo dijo en el colmo de la sorpresa la viuda, sobrecogida ante la inesperada y aun constantemente evitada presencia del doctor. ¿A qué venía? ¿Por qué venía?... A paseo no, de seguro. No era el doctor hombre que tuviera tiempo que dedicar al paseo. Su vida había sido, primero por inclinación, y después por la necesidad que le creara su numerosa clientela, vida de perenne trabajo. Podía haberse hecho rico; pero aunque trabajaba por demás, sus honorarios jamás le compensaban sus desvelos. Alguna vez había pensado en declararse formal y decididamente «artesano de la medicina», y en consecuencia no visitar por segunda vez a nadie que la primera visita no le pagase, y aun exigir, como hacían otros, «el dinero por delante»; pero sucedía que cuando iban a buscarle se olvidaba de la propuesta exigencia; y desde que veía al enfermo imponíase al profesional utilitario el hombre de ciencia. Entonces solo pensaba en el «caso» que tenía enfrente, y en determinados extremos hasta llegó a mostrarse reconocido por la oportunidad que le deparaban los pacientes destituidos de la fortuna. Así había podido estudiar sobre el terreno la vida de un pueblo que tan poco tenía que agradecer a los encargados de su administración y gobierno. Allí había visto los estragos que hacía cualquier dolencia, pasajera en otras circunstancias, y cómo se reproducían las enfermedades en fenomenales complicaciones, sin otro agente que la obligada miseria en que se consumían los atacados. La observación de tanto dolor abandonado le había hecho abominar de la política, anatematizándola como un gran crimen social, mientras en los parciales de los distintos bandos veía únicamente malvados de profesión y seres degenerados, «espíritus enfermos de mortal anemia, galvanizados por la excitación de aquellos depredadores sin conciencia». Tal era su opinión.

Ana María permanecía clavada en el sitio en que se hallaba cuando llegó el doctor. Pero ya éste se había desmontado y subía los peldaños del corredor. Había que decidirse y Ana María pensó que lo mejor era abordar de frente y sin vacilaciones la situación, puesto que conocía bien el carácter del doctor Alvarado, y persuadida estaba, del ascendiente que como antiguo médico de la casa tenía sobre toda la familia. Y salió a recibirle con las más halagadoras demostraciones de cordialidad.

—De hoy más, doctor, le reconoceremos en esta su casa el don inapreciable de la oportunidad. Llega usted cuando, en verdad, era de todo corazón deseado.

—¿Sí? Lo celebro. A mi vez he venido porque sabía que me necesitaban ustedes.

Lo cual desconcertó no poco a la viuda. ¿Sabía lo que pasaba? ¿Cómo? ¡Ah! sí, ¡Federico...!

—A Federico le he visto, pero desgraciadamente apenas ha podido hablarme ni aun de sí mismo. Está bastante mal.

—¡Cómo, doctor!...

—Sí; un percance. Efectos de una locura que puede costarle cara, muy cara... Pero ante todo veamos a la enferma. Se ha perdido mucho tiempo, y la confianza exagerada lleva siempre a lo inevitable... Veamos a Malenita.

Y agregando a la palabra la acción, de tal modo se impuso a la voluntad de Ana María, que como por sugestión se volvió aquélla y guió al doctor hasta el lecho en que se encontraba la enferma.

—¿Pero qué es esto? —dijo el doctor al penetrar en la alcoba de Malenita—. Por pequeño que sea un padecimiento cualquiera ha de agravarse en un encierro como este... ¡Vaya, vaya! una habitación tan hermosa, ¿prefieren ustedes convertirla en un venero infeccioso?...

Y acercándose a la ventana más apartada de la cama, la abrió del todo, dirigiéndose después hacia la joven.

—¿Qué tal, amiguita? —dijo observándola atentamente.

Malenita le miró, sonrió con tristura y cerró los párpados, permaneciendo inmóvil.

Estaba desconocida. Hundidas las órbitas; pálido verdosa la tez; la faz desencajada; amoratados y entreabiertos los labios, como en auxilio de la respiración; lacia y apelmazada la abundosa trenza extendida sobre el lecho y semejando por su deslustrado negror una mortaja; desmadejado el cuerpo, extenuada toda ella al extremo de parecer que aun la inmovilidad en que se hallaba debía costarle un penoso gasto de energía. Era la consunción rayana en extinción vital.

El doctor, como siempre que se encontraba ante casos tan extremos, economizaba palabras. Interrogaba con científico apasionamiento a cada línea del rostro de la enferma, a cada poro de aquella piel clorótica, reseca por la fiebre continua que parecía haber agotado las fuentes perspiratorias; y cada miembro, cada movimiento le producía una inequívoca pieza de convicción respecto del mal que investigaba.

Así estuvo por espacio de algunos instantes. Después pasó a los reconocimientos prácticos, la auscultación estetoscópica, explorando con sistemática minuciosidad el corazón, las arterias, las venas, y finalmente la respiración; tomóle las pulsaciones todas, hasta las sienes y el cerebelo; por los sobamientos de la piel cercióróse del grado de sensibilidad y de la temperatura existentes, desde la frente a los dedos de los pies, todo, todo; y cuando —persuadido de la analgesia en que yacía el cuerpo aquel gastado en solo tres semanas— volvíase hacia la viuda con intención de interrogarle, fijó Magdalena otra mirada en el médico, que no cesaba de observarla. Fue aquélla una mirada indolente, inexpresiva, y volvió a dejar caer los párpados como si fuesen la pesada losa de un sepulcro viviente.

El doctor varió instantáneamente de idea. Desistió de preguntar cosa alguna, temiendo que le desviasen de la realidad con falsas informaciones. Porque, como él decía: ¿Puede ni sospecharse siquiera el límite de los fenómenos patológicos a que está sujeta la naturaleza humana? Y aún con la experiencia de que a veces una omisión cualquiera puede despistar al médico, temía incomparablemente más a la ocultación intencionada en aquel caso que solo por sorpresa, por ajena intervención pudo caer bajo su dominio.

Separándose de la paciente inspeccionó el doctor Alvarado el cuarto en que se hallaba. Alegróse de la carencia completa que allí había de tapices y juguetería de adorno, y salió ordenando luz y aire; mucha luz por el día y mucho aire a todas horas.

—Doctor —dijo algo picada Ana María, viendo que éste no le interrogaba—; Malenita ha estado continuamente con fiebre muy alta, y desvariando...

—Sí, lo sé; pero hagamos caso omiso de lo que ha tenido, concretándonos a lo que tiene. Sobre todo, que no se descuide ninguna de las prescripciones que le daré por escrito. Y ahora, si me lo permite usted, me quitaré un poco el polvo del camino...

—¿No me dijo usted que Federico?...

—Sí; ya le contaré. Es toda una historia. Permítame primero asearme un poco.

—¡Liberato! —dijo, llamando, la señora, y vino el esclavo cochero, sirviente general ahora y confidente siempre de su ama—. ¿Arreglaste la habitación del doctor?

—Sí, niña; ésa de ahí —respondió, señalando a la que por el lado opuesto caía, como el cuarto de la viuda, a la sala principal.

Era aquel cuarto el primero del cuerpo izquierdo del edificio, que a su frente y por ambos costados tenía un bellísimo jardín. Contábase en la fabricación, además y un amplio patio encuadrado por el espacioso comedor al frente, defendido por un toldo corredizo, con los cuartos en hilera por las dos bandas, terminando los de la derecha en la cocina, los de la izquierda en la caballeriza; y, cerrando el fondo, a guisa de traspatio, una bien cuidada huerta en la cual abundaban las plantas más raras y preciosas, un verdadero capricho del desaparecido señor don Acebaldo, quien había querido hacer de aquel sitio un lujoso retiro. A la entrada, cerca de la cocina, había un repleto gallinero; y enfrente, a corta distancia de la caballeriza, una preciosa pajarera en forma de almenado castillo, cuyos compartimentos albergaban una infinidad de animalitos de extraordinario mérito por sus cantos y plumaje, una exquisita selección ornitológica en que se adivinaba el talento del naturalista experto al servicio del opulento hacendado. Una ancha calle que partía de la verja de entrada, con su fila de bancos en número igual a los coposos laureles rectamente alineados, terminaba con un alto palomar que iba a perderse en el follaje entrecruzado de la arboleda. Y de allí nacían dos «trillos», dos senderos, formados con tal arte que parecían hechos por el tránsito del hombre, especialmente ahora que se hallaban algo descuidados, por haber fallecido el anciano jardinero encargado de aquel pequeño oasis —que tal parecía el frondoso parque en medio de los interminables campos de caña que enriquecían la llanura—. Aquellos caminos iban el uno a un colmenar situado en un ángulo del fondo, y el otro a un chiquero enclavado al opuesto extremo, y en el que había siempre un regular acopio de cerdos de vida y muerte. Pero los trillos se torcían aquí y allá, y daban nuevos caminos más o menos desmalezados, que conducían a una gruta, a un cenador y a un pequeño escampado, concurriendo todos al estanque, abierto en el centro del parque, y en cuyas aguas, renovadas por medio de una tubería por el molino de viento que había sobre el pozo, junto a la represa, criábanse pequeños pececillos de vistosos colores, como adorno; y viajacas en gran número, cuya carne era una delicia para los empleados cuando en señaladas estaciones se les permitía pescarlas.

Allí solía pasar largas horas de apartamiento el señor Nudoso, en sus menudeadas visitas al ingenio en los últimos tiempos de su agitada vida; y era su placer más grande, el único tal vez, el regateo de los patos con sus canarias crías, disputándose los mendrugos que él les lanzaba a distancia, mientras redondeaba alguna de aquellas grandes combina-

ciones mercantiles con que de continuo aumentaba sus caudales.

El doctor entró en el cuarto que se le había destinado; y a
una seña de Ana María la siguió Liberato a su dormitorio.

—Es preciso que vigiles al doctor —díjole con nervioso
acento—. No pierdas ninguno de sus movimientos; ¿me has
entendido?

—Sí, niña —contestó el criado.

—Bueno, vete, y a la noche me dirás lo que hayas notado.

Y cuando salió Liberato se dirigió la viuda al cuarto de
Malenita.

IX

Hasta poco antes de la comida, a las seis, no salió de su habitación el doctor Alvarado; pero quiso primero que sentarse a
la mesa visitar en la enfermería el botiquín, sorprendiéndole
hallarlo tan bien surtido, pues nada de lo que por el momento exigieran las circunstancias faltaba. Y le satisfizo más
aún el saber que el mayordomo, quien le acompañaba en su
visita, era *licenciado* en Farmacia; por todo lo cual hubo de
felicitar a la viuda, al tiempo de entregarle las prescripciones
que había formulado.

Entonces habló de Federico. Un caso perdido. Refirió la
historia con su habitual campechanía. Habían sorprendido
la buena fe de una familia honrada, de la cual era cabeza un
don Benigno Apoyo, un excelente sujeto, retirado de los negocios con un capitalito que le permitía vivir modestamente
acomodado; cinco eran: él, su mujer y tres hijas, de las cuales
la mayor, de dieciséis años, acababa de salir del colegio; y
para hacer su «entrada en el mundo social» habían dispuesto
los papas celebrar una reunión en su casa. Y así empezó la

cosa. Pero no se sabe cómo se introdujeron en el plan «aquellos locos» de la taquería y tomaron el asunto por su cuenta. El padre convidaba, y a su invitación correspondieron varias de las principales familias. Sabíase que algunos amigos obsequiarían a la joven festejada. «No compre usted los dulces, doña Jesusa, nosotros se los regalaremos», habíanle dicho algunos, a la señora de Apoyo; mientras otros se habían acercado a don Benigno, ofreciéndole la orquesta que, precisamente para ese día, decían haber contratado para un asalto, el cual diferirían para más adelante. Los padres, admirados de aquella popularidad que jamás habían sospechado, acogían gozosos las muestras de consideración y afecto que de todos les venían. Y llegó la noche señalada; y la casa, que no era pequeña, fue sin embargo incapaz para contener la numerosa concurrencia que asistió a ver qué tal parecía la muchacha con su «vestido de cola».

En el zaguán, algunos músicos armonizaban sus instrumentos, esperando dos o tres partes que faltaban para completar la orquesta y dar principio al baile. A las diez debía haber empezado; y eran las once y no parecían las partes aquellas, que debían ser imprescindibles. Para matar el tiempo, algunos propusieron dar un ataque a la mesa de dulces y refrescos, espléndidamente dispuesta en el comedor por los sirvientes que los trajeron en grandes tableros de servicio marchándose enseguida. Y aceptada por todos la proposición, rodearon las parejas la mesa, y los caballeros pusieron en ejercicio su galantería. En el primer momento parecía marchar la cosa perfectamente, a pesar de que las damas rehusaban el segundo dulce. Uno de los galanes, hubo de intentar comerse el brindis él, y aquello inició la gran escandalera. Otros más, que también habían querido hacer honor a las colmadas salvillas, escupían y protestaban con más o menos estrépito, coreados ahora por las mujeres que a su vez soltaron el trapo, y todo fue un tumulto en el cual tuvo que intervenir la policía, puesto que algunos dijeron haber oído «gritos subversivos».

Primero uno, luego varios, después todos juntos se lanzaron sobre la mesa, vaciando las dulceras, protestando ya sin miramiento los hombres. ¡Aquello era una burla sangrienta! Las yemas acarameladas estaban rellenas de serrín; las panetelas cubiertas eran de algodón en rama por dentro, y los pastelillos de viento contenían harina o almidón que ponían hechas una miseria las solapas de las levitas; los vinos eran algo como cocimiento de achicorias o de «demonios», según la frase airada de uno de los protestantes. Al destapar las sorbeteras vióse que no contenían más que arena limpia; y cuando interrogaron algunos por el dulcero, y nadie daba razón de nada, creció la furia y se multiplicaron los denuestos de los hombres y los desmayos y accidentes de todos calibres en las mujeres.

La buena de doña Jesusa sufrió un ataque de nervios que le duró toda la noche, el primero que había experimentado en sus treinta y ocho años de plácida existencia; y la hija que se inauguraba de señorita enfermó gravemente del sonrojo. Solo don Benigno permaneció obstinadamente mudo, con la mirada torva, rebuscando en cada rostro una señal, un indicio, como en acecho para abalanzarse contra el primero que se le ofreciera como autor de aquella trama indigna. Al fin: «¡Como coja a uno, lo escabecho!» —dijo, y no dijo más. A la noche siguiente se fue al restaurant El Palacio Nuevo, y como al preguntar a un mozo por Perecito y por Federico le contestase aquel que aún no habían estado por allí, salió a buscarlos por la plaza. Parecía bien informado. Se fue directo a un grupo de jovenzuelos que se bromeaban y reían, tal vez de la ocurrencia por la noche pasada. Tampoco estaba allí Perecito, retrasado siempre en determinados momentos. Pero al mismo instante que el señor Apoyo, se acercaba al grupo apareció también por el lado opuesto Federico, adelantando con su aire de matón distinguido; y verle don Benigno e irle encima blandiendo el garrote descomunal que llevaba, fue todo uno; y antes que pudiera nadie impedirlo le atizó lo menos una docena de garrotazos tan estupendos y en tan variadas partes del cuerpo, según los movimientos del agredido, que por muerto recogieron del suelo al desdichado mozo.

A lo que parecía, Perecito y él habían sido los inventores de aquel chasco, bien que todos sabían que Federico no podía ser, en éste como en otros casos, más que el instrumento del reconocido jefe de la taquería. Don Benigno durmió aquella noche en la jefatura de policía, pero al día siguiente le sacaron en triunfo las familias vengadas, y ahora habían iniciado una suscripción para regalarle entre todas las señoras una alegórica medalla de oro, como agradecimiento y conmemoración de la viril defensa. Federico hacía tres días que no podía moverse de la cama y de seguro esta vez tendría para rato.

—¿Y dónde está él, doctor? —inquirió la viuda con menos interés del que podía suponerse en aquel suceso.

—Ahora, en su casa de usted y a disposición del juzgado respectivo.

—¿Y teme usted por su vida?

—Temo que los golpes de la espalda y el pecho le traigan fatales consecuencias. Le han apaleado ferozmente.

—¿Y dice usted que no fue allí donde supo el estado de Malenita? ¿Cómo pudo usted adelantarse a mis intenciones?...

—¡Ah! Eso es otro asunto —dijo variando de tono el doctor— y debe bastarle a usted la certeza de que lo he sabido.

—Pero, amigo mío, convendrá usted conmigo en que es desagradable eso de estar una sujeta a misteriosas influencias, que acaso pudieran obedecer a perversos designios...

—Yo, señora, no convengo en nada, ni debo mezclarme en esas filosofías. He sabido que había aquí un enfermo grave; se me ha indicado que viniese a verle, he venido y he cumplido con mi deber. Usted puede, si lo estima oportuno, aceptar mis servicios o rechazarlos. Pero le advierto que la anormalidad en que se encuentra Malenita exige un largo y cuidadoso tratamiento. La vida no peligra todavía, cosa que sería imposible afirmar si hubiese continuado como iba algunos días más. Las medicinas recetadas serán un buen comienzo. Por la mañana me vuelvo a Belmiranda, y usted es muy dueña de ordenarme que no venga más.

—¿Da la señora su permiso? —dijo desde la entrada del jardín el mayordomo.

—Pase usted, don Gumersindo —contestó Ana María.

Y se presentó el empleado con varios paquetes y frascos de medicamentos, «según fórmula indicada».

—He querido traerlos yo mismo —dijo— para saber a la vez cómo sigue la señorita...

—Mal, don Gumersindo; muchas gracias.

La viuda, levantándose, tomó de manos del mayordomo farmacéutico las medicinas. El doctor examinó detenidamente el frasco de las cucharadas, y entregándoselo a la señora díjole:

—Es seguro que en ninguna parte se habría preparado mejor. Le recomiendo mucho cuidado en la aplicación de este medicamento.

El doctor Alvarado departió un rato con el mayordomo, y quedó bastante agradado de aquel hombre que desde el primer momento se le hizo simpático, tal vez por afinidad profesional.

—Doctor ¿quiere usted ver a Malenita antes de retirarse a su cuarto? —díjole Ana María cuando comprendió que se disponía el médico a dar las buenas noches.

Con esta invitación cesaban virtualmente las hostilidades.

La enferma no presentaba ningún nuevo síntoma. La esclava enfermera cuidaba con cariño y con talento de propinarle las medicinas a su hora, y el doctor se retiró a su cuarto satisfecho de la labor del día.

X

Una vez que se retiró el médico tornó Ana María al cuarto de Malenita, que permanecía en aquel enervamiento que tanta semejanza tenía con la muerte. No se quejaba, no se movía; solo a largos intervalos daba un callado y profundo suspiro, y murmuraba algunas palabras que ya nadie en realidad percibía, si no que por el sonido y por tener la enferma el estribillo aquel desde que no se daba cuenta de sus actos, sabía perfectamente la viuda que invocaba el auxilio de Eladislao y ponderaba la hermosura de «su hijo». Después volvía a quedar inmóvil, hasta hacerse difícil de notar su movimiento respiratorio por quien no estuviese habituado a verla en aquella postración. Cuando llegaba la hora de las cucharadas pasábale Gregoria el brazo izquierdo por debajo de la nuca, levantábale la cabeza y le ponía la cuchara en los labios. A la más leve presión obedecía la enferma, abría la boca e ingería el medicamento. A veces despegaba los párpados, posaba una mirada mortecina en el objeto que encontraba en frente, dibujábase en las comisuras de sus labios una sonrisa borrosa que se desvanecía con la ocultación de aquellos ojos sin vida, y volvía el cuerpo a su letal amodorramiento.

Así la dejó Ana María, y entrando en su dormitorio corrió el pestillo de la puerta que comunicaba con el de su hermana. El reloj marcaba las diez y hacía ya más de media hora que Liberato, habiendo cerrado todo, aguardaba en la sala, donde ardía con débil luz la lámpara del farol del centro, que no se apagaba en toda la noche.

Ana María se había olvidado de la comisión que recomendara al cochero. Muy lejos de ello, calcinábale el cerebro el recuerdo de aquellas últimas desgracias que habían caído sobre su familia, en la cual pensaba con el más refinado egoísmo. La familia tenía la predilección en todas sus cavilaciones; porque sustentaba la idea de que el mal de uno lo padecían todos, y ella no se avenía a padecer por nadie. Y en su aversión a sufrir por el dolor ajeno, era la eterna víctima de sus propios pensamientos. En cada acción de sus hermanos, como antes en cada paso de su marido, veía un motivo de pesar para ella, y esto la tenía siempre disgustada del proceder de cuantos la rodeaban. Todos se conspiraban para hacerla padecer. Todos se alegraban de sus infortunios, y ella se comía las entrañas pensando en todos mientras los otros, así los familiares como los criados, tenían momentos de regocijo, de felicidad, que ella no había tenido nunca. Era y había sido siempre la mártir de la familia. El señor Nudoso había muerto apuñaleado, cierto, pero fue al salir de casa de su querida, precisamente después de libar la dicha en la copa deleitosa que le ofreciera aquella mulata que le tenía enloquecido. Malenita yacía casi moribunda en su lecho, sí, pero el penar aquel venía del placer gozado; había amado, había sido correspondida, se había entregado en cuerpo y alma a la

satisfacción de su amor, cuyas delicias compensaban seguramente sus postreras torturas. Federico hallábase maltrecho,
todo magullado por aquella tremenda paliza que podía oca-
sionarle la muerte; pero se había dado el gusto de embromar
a una familia bonachona, de burlar a toda una comunidad
de familias respetables, entre las que había algunas de las
asistentes a La Tertulia, hiriendo en ellas a toda una institución seria, formal, llevando en parte a cabo la venganza
que con sus compañeros de bandidaje callejero tenían jurada
a «la sociedad de buen tono»; todos habían satisfecho una
pasión, logrado un deseo, calmado una ansiedad; cada uno
había ganado algún trofeo en la eterna lucha por la felicidad
humana; pero ¡ella! no, ella había estado siempre en brega y
a la defensiva contra el infortunio, para verse al fin vencida,
derrotada. ¡Siempre víctima propiciatoria! Cuando las conveniencias de su padre encadenaron su suerte a la suerte de
un hombre a quien no quería, a quien no quiso nunca, de
tal modo amargaron su existencia que recibió como «una
maldición del cielo» el nacimiento de Julita, su hija única,
porque en la tierna niña abominaba la dilatación del nombre
detestado. Más luego, cuando se sintió enamorada y casi se
juzgó feliz, porque jamás pensó en que podía ser desdeñada
¿qué ocurrió? El hombre que había merecido todas sus preferencias, sordo y ciego ante el amor inmenso con que ella
le brindaba, se había dejado alucinar por «la sibila» de su
hermana, atravesada en su camino para su propia desgracia
y la desgracia de todos, culminando en ella, en Ana María,
el dolor más cruento y perdurable, el de la decepción, al ver
su amor escarnecido, y despreciado su ferviente afecto tan
noble y desinteresadamente ofrecido... Y para colmo de su
desventura hallábase en el caso de auxiliar a la que le había
robado el objeto de su amor, asistiéndola precisamente en las

desastrosas consecuencias de aquel triunfo alcanzado contra su dignidad de mujer enamorada y herida en lo más vivo de su propio concepto... Hasta la criatura que había intentado mantener oculta y separada de su madre, como una satisfacción íntima en su descalabro amoroso, habíasele escapado de entre las manos; le habían quitado el único instrumento que tenía para hacer, con el sufrimiento de los vencedores, menos penosa su propia situación de vencido sin condiciones... Pero ¿cómo había sido aquello? ¿Habían sobornado a los campesinos? ¿Le había traicionado la esclava? Y ésta ¿dónde estaba? ¿A quién había de aprovechar aquel secuestro o la deserción aquella?

El cerebro de Ana María era asaz débil para dominar tantas contrariedades. A puro esfuerzo había podido echarse sobre los hombros la ligerísima bata con que acostumbraba dormir. Sintióse como desvanecida, y tal apesgamiento le abatió de pronto que no pudo alcanzar la cama al extender las manos, y cayó al suelo sin sentido. Fue como si hubiese recibido un violento y fuerte golpe en la cabeza. Rodó luego sobre la pequeña alfombra que había frente a la cama, y agitándose lanzó una carcajada nerviosa que retumbó en toda la casa. Después todo quedó en silencio.

A este tiempo dormitaba Liberato sentado cerca de la puerta del cuarto, por la parte de la sala, esperando que le llamase su ama para tomarle cuenta de su comisión. Despertóse al ruido producido en el aposento de la dama; pero no había podido distinguirlo bien. Pensando sin embargo en lo peor, abalanzóse a la puerta, que solo tenía echado el pestillo, y sin esfuerzo la abrió, viendo tendida en el suelo a su señora. Corrió hacia ella enseguida, a fin de auxiliarla. Había cedido ya la crudeza del acceso, y la paciente se hallaba en un estado de inmovilidad cataléptica. Con sorda voz tartajeaba palabras incoherentes, balbuceadas en afectuoso ritmo, y terminó sollozando cual si fuere presa de una tremenda congoja. Después cesó todo movimiento Liberato se inclinó para levantar a su ama y conducirla al sofá; pero se quedó extático, de rodillas junto a la señora, sin atreverse a tocarla ahora que había quedado adormecida, en un sopor que al sueño natural se parecía.

El sirviente quiso levantarse, volverse a la sala y permanecer atento a lo que pudiese sobrevenir; pero no acertó a moverse, clavado allí por una extraña fuerza. Ni siquiera podía separar la vista de aquel cuerpo desmayado que le fascinaba. Abierto el vestido por la parte alta del seno, ocultando apenas el nacimiento de los pechos que se alzaban temblorosos por la respiración entrecortada, aun sin la plácida sonrisa que iluminó su faz ligeramente coloreada por la excitación nerviosa, tenía la viuda un encanto avasallador.

Ligado como estaba Liberato a su ama, por la complicidad y el crimen amparado, habíala obedecido ciegamente en todo, y seguídola por su mandato a todas partes como si fuera su sombra. Siempre que la había visto bajo la influencia de estos aplanamientos de espíritu que tan a menudo la atacaban en aquellos últimos dos años, había sentido una gran atracción, un aturdimiento que él no había procurado explicarse, cierto íntimo sentimiento que le hacía repetirse en secreto su propósito de completa sumisión, consagrando espontáneamente su vida al servicio de aquella mujer que tanto padecía, y por quien daría gustoso su sangre en cualquier circunstancia peligrosa. Pero nunca había experimentado el profundo malestar que ahora le mortificaba inaplacable. Un sentimiento involuntario, no obstante, le sujetaba allí, distanciado a pesar de su proximidad, en la contemplativa actitud de un arrepticio ante el fetiche idolatrado.

Un movimiento que ahora hizo Ana María descubrióle, caída la blanca media hasta el tobillo, el desnudo y torneado nacimiento de la pierna.

Liberato sintió como una vaporosa nube que le cegaba. Sin ánimo para resistir la propulsiva fuerza que le impelía, extendió el brazo palpando suavemente aquellas carnes tentadoras... y esto fue ya más de la medida. Extremecióle un punzante calofrío que le erizó todo el cuerpo, al contacto de la piel sedosa y tibia de su ama, y más enajenado que consciente de sus actos, cayó enardecido sobre la beldad reverenciada, y estrechándola convulso entre sus brazos sació con encarnizamiento el apetito brutal no sospechado, que tan súbita y bestialmente se manifestaba. El frenesí del bárbaro no encontraba oposición por parte de la víctima, y esto debió excitar su torpe sensualismo, hasta que, finalmente rendido en su locura, sin alientos quedó como fundido sobre la pequeña alfombra y abrazado al cuerpo de su ama.

De pronto, pasado apenas un minuto, sonó como un estampido un grito desgarrador, horrible, a nada comparable. Habíalo lanzado la viuda al recobrar los sentidos y verse en brazos de un hombre. Aún no había comprendido bien la situación. Un instante después, lívido el semblante por la ira, de un salto se puso en pie al otro extremo de la estancia, radiosa en su colérica descompostura.

—¡Oh, infame, infame! ¡Te voy a descuartizar!

Y se recogía violentamente el cabello en abultado moño, soltándolo enseguida, olvidada de prenderlo, para acudir presurosa y sin tino a cubrirse el seno expuesto por la bata abierta.

También Liberato se había levantado del suelo y temblaba, aterrorizado, sin darse todavía exacta cuenta de lo que había hecho.

Aún no había salido de su estupor cuando se oyó ruido de pasos en la sala.

—¡Vete! vete! —dijo apresuradamente la viuda, ahogándose de indignación y revelando su temor al escándalo—. ¡Por aquí! —añadió, indicándole la puerta que daba salida al patio.

Liberato salió abatido, silencioso, como un reo de muerte.

Los pasos que se oyeron en la sala eran del doctor Alvarado. Había oído el golpe de una puerta pero no hizo caso porque no llegó a él ningún otro ruido alarmante. Después, al cabo de un largo espacio percibió algunas voces; imaginó que acaso había ocurrido algún accidente a la enferma, y se levantó para enterarse. Viendo luz en la alcoba de Ana María, se acercó y llamó. La viuda, sin poder contener el llanto que le había sobrevenido, se echó una manta y abrió. Explicó al doctor la situación diciéndole que había sufrido un ataque de nervios, pero que ya se sentía bien; solo aquella congoja que no podía dominar; tomaría un poco de tila; se recogería enseguida...

Viéndola tan desazonada el doctor la interrogó y le examinó el pulso, aconsejándola que tomase una cucharada de la misma medicina que había recetado para su hermana, puesto que ahora lo necesitaba tanto como ella.

Y volvió a retirarse con notorias muestras de conmiseración por aquella familia de neurósicos incurables.

XI

Al verse fuera de la estancia quedóse Liberato como incrustado de espaldas a la pared. Un torbellino de ideas confundía sus reducidas facultades.

En medio de su aturdimiento ofreciósele por fin una idea perfectamente clara. Resonó vibrante en sus oídos la terrible amenaza de su ama: «¡Te voy a descuartizar!», e instintivamente contrajéronse sus miembros como si ya los flagelara el látigo del mayoral.

Nunca le habían azotado. Nacido en aquella misma finca, en ella había estado hasta que a los doce años de edad le llevó para Belmiranda su amo, porque Ana María hubo de aficionarse al mulatico en unas pascuas que pasó la familia en el ingenio. El señor Unzúazu vio en el muchacho, no mal parecido y de constitución fuerte a la vez que delicada, un buen criadito de manos para la ciudad, y accedió a los deseos de su hija llevándoselo consigo cuando abandonaron la finca.

Pero Liberato no daba pie con bola en el oficio a que se le quería destinar. Acostumbrado a las rudezas de la vida campestre, de Sol a Sol cosido a los ijares del arrenquín, reuniendo el ganado de labor disuelto por las rastrojeras, o bien enhorquetándose a hurto del boyero en el primer potro cerril que agarraba por las crenchas, y correr a todo viento llanos y breñales, salvando vallas y malezas hasta que doblaba el bruto las piernas y caía vencido y propicio a obedecer al hombre; aquel pequeño salvaje que aun en los añojos correteaba los campos, desmejoraba cada día al verse reducido a trajinar entre los tediosos paredones de la ciudad. Sus dedos, habituados a manejar las cuerdas del narigón, se revelaban ante el afeminado trato que demandaban las vajillas de china

y la sutil cristalería que atestaba los entrepaños del armario y los estantes del aparador a su cuidado. Y Ana María,
interviniendo siempre que por sus deslices queríase castigar
a Liberato, inclinó la voluntad del viejo amo a fin de que le
dedicase a los trabajos de la cochera.

Allí sí que progresó el joven rápidamente. ¡Qué delicia ir a
bañar los caballos al río! Sobre todo el tronco bayo calzado,
que era de condición indómita y se encabritaba en medio de
las calles, y gustaba de chapotear en el agua. No había visto
el travieso muchacho más que el abrevadero del ingenio, donde aprendió a nadar a costa de pescozones, recibidos por su
transgresión; pero aquel ancho y caudaloso río ¡cuán distinto era del agua aquella, tibia y mortalona!... Al tercero día no
hubo por allí pilluelo que con más desembarazo atravesara
a nado el río, invadiendo el cocal de la otra orilla, trepando
los erguidos troncos hasta el penacho, y arrancando el fruto
a pesar de los perros y de la escopeta del guardián, que bru-
talmente disparaba proyectiles de sal contra los incorregibles
bañistas.

En menos de seis meses llegó a ser la confianza de su viejo
amo en la conducción del carricoche que recientemente había
comprado para recorrer los muelles y las oficinas. Luego, a la
muerte del señor Unzúazu, quedóse Liberato de cochero de
Ana María, transformada ya en señora de Nudoso; y desde
entonces decididamente fue el favorito de la hermosa dama,
que en más de una ocasión se las tuvo muy recias con su marido, por la instintiva ojeriza que éste demostraba contra el
mimado sirviente.

Liberato había sido reacio a todo intento de cultura intelectual. Pero, a cambio de esto, en cuanto veía una oportunidad volaba al barrio de Antúnez, donde campaban a su
capricho y por su respeto las asociaciones de «rumba», con-

curridas siempre por hombres y mujeres del «bronce», libres, que organizaban francachelas con repiqueteos de tamborcitos y cantos africanizados, siguiendo con desaforada viveza el ritmo de la danza cubana; y a compás bailaban las parejas, separados los individuos, frente el uno de la otra. Lo que no podía ser de otro modo; porque los ajetreos y revoluciones de caderas y de todo el cuerpo de los bailadores eran tales que no consentían acercamientos. Bastante le excitaban, aun de lejos, terminando por arrastrar en el lodo de la más desenfrenada lascivia sus extravagantes descoyuntamientos; por lo cual más popularidad ganaba, y gozaba de mayores simpatías entre las mujeres el hombre, y entre los hombres la mujer que más desgozne mostraba en sus libidinosos contoneos. Ni eran solo éstas las diversiones a que asistían los criados jóvenes de ambos sexos de las encopetadas familias de Belmiranda, llevándose al salir de aquellos microbiales el virus ponzoñoso con que inoculaban a sus amos. Liberato frecuentaba aquellos centros, considerándolos como la antesala de una comunidad más importante: la asociación de «*ñáñigos*»;[10] en la que no había sido aún afiliado porque entre los jefes existían escrúpulos, por ser esclavo el candidato y no poder por tanto hallarse a entera disposición de sus asociados. Sin embargo; no se le había negado la admisión, y cualquier servicio excepcional podía darle ingreso en la clase de compañero.

Eran los «juegos de *ñáñigos*» asociaciones de origen africano, sostenidas por criollos libertos que, no solo inventaron con tales centros inmorales un medio de bajo lucro sino que en su maligna ignorancia excitaban las pasiones e inspiraban

10 Miembros de sociedades secretas abakuás, o ñáñigas, que practican un código ético y religiosos basado en ritos ancestrales de origen africano. (N. del E.)

los odios selváticos que se manifestaban luego en la colectiva forma de bandos o partidos, en relación con el número de «tierras» o asociaciones. Acumulábanse de esta suerte los rencores hasta que, encontrándose en favorables circunstancias, con especialidad en las públicas festividades, en calles y plazuelas disputábanse el terreno combatiendo a navajazos y puñaladas, y más adelante a tiros de revólver, por el paso y la supremacía de la «tierra» y del barrio a que pertenecieran, escandalizando al vecindario en que tales actos de tolerado salvajismo se llevaban a cabo.

Andando el tiempo llegaron a extremo tal aquellas funestas asociaciones que, rebasando los límites que establecieran las costumbres, desde lo más inculto de las destituidas clases del pueblo invadieron las más altas esferas de la sociedad, contando adeptos aun entre los elementos oficiales de la administración colonial. A orgullo tuvo gran número de jóvenes, lo mismo de color que blancos, el pertenecer a una asociación que les daba fama de valientes y favorable partido entre relativa porción de mujeres campechanas que su arrojo pagaban con morbosos agasajos. Y cada jovenzuelo de aquellos alardeaba de ser un «hombre *ñón*» es decir, temible, temido y sin temor, que «moría por su tierra» defendiendo cualquier capricho de hermandad, o por individuales agravios, seguro siempre de tener quien combatiese a su lado o se sacrificase después por vengar al compañero inmolado. Las jóvenes mismas, las señoritas de cierta representación, no se avergonzaban de sus preferencias por los jóvenes *ñáñigos*, dándose en distintas ocasiones el caso de verse despreciados en fiestas y saraos, algunos caballeritos que tenían la dignidad suficiente para no dejarse arrastrar por aquel torrente de podredumbre social.

Fue necesario que entre los juramentados figurasen miembros de algunas familias de las más encumbradas jerarquías, para que las autoridades tomasen alguna que otra pasajera medida, e intentasen reprimir el avance de aquellos detractores de la civilización. No se conjuraban contra determinados sistemas políticos o administrativos, contra oligárquicas supremacías o irritantes preponderancias de castas, clases o familias, no; entre ellos la guerra a muerte se juraba a los de la «tierra» vecina, remedando por acción refleja las encarnizadas contiendas de aldea de los señoreados colonizadores.

Y en la institución aquella, no solo había ganado Liberato su ingreso, sino que se le confirió cierto cargo directivo después de salir de la cárcel, cuando se le acusó por el asesinato de su amo.

Ahora parecía un beodo, sujetándose a la pared, envuelto en las tinieblas de la noche, a la puerta del cuarto de su ama. De improviso se irguió, adoptando una resolución. No, él no moriría bajo el látigo del mayoral. Por lo menos no se entregaría estúpidamente al desguace con que le había amenazado Ana María. Ya era otro hombre, ya recobraba su razón ordinaria y el natural instinto hablaba... ¿Por qué permanecía allí?... El pesado reloj del comedor dio algunas campanadas. ¿Cuántas? No las había contado; pero aquellas campanadas le decidieron. Tras aquella hora vendría otra, y otra, y con la luz del día la realización de la terrible amenaza, el descuartizamiento a latigazos... «¡No, nunca!» —pensó. Y se volvió azorado, creyendo que había dicho en alta voz estas palabras. Acarició el mango del agudo puñal enorme que llevaba siempre a la cintura, y no muy oculto desde que le confiara su señora la vigilancia de la casa; y apartando a los dos mastines que desde su salida al patio acudieron a rozarle las piernas en amistosa señal, miró cuidadosamente a su alrededor y convencido de que nadie le observaba, seguro de llevar en su collar de cuentas blancas el amuleto del Justo Juez, se dirigió hacia el fondo, penetró en la huerta, y ya más animado por considerarse fuera del alcance de sus inminentes verdugos, arrancó a correr internándose en el parque, saltando el cercado último y atravesando luego los cuadros del cañaveral naciente, perdiéndose en las lejanías del campo en dirección al bosque de las montañas vecinas.

XII

Ana María en tanto se exasperaba en el colmo de la rabia que sentía contra todo y contra todos.

¡Ah, si no estuviera en la criminal acción del desleal esclavo el deshonor de la familia, con cuánto regocijo le viera desde este mismo instante en el cepo, desollándolo al día siguiente en presencia de toda la negrada, para general escarmiento!... ¡Y ni siquiera podía llamar a nadie en su auxilio, porque de hacerlo divulgaría ella misma aquella transgresión que la cubría de ignominia ante sus propios ojos!... Y allá, por entre los furores de su indignación brotaba con atenuante malicia el recuerdo del placer como por soñación sentido —a manera tal que si al despertar no hubiese visto al execrable mulato entre sus brazos, habría creído realizado en sueños el afán obsidioso que resumía todas sus esperanzas—. Sí, era Eladislao aquel que, en la pesadilla de su tormento, la había sorprendido en la pequeña frondosidad de la huerta. Lloraba ella su decepción, y ya montando en ira contra el amado indiferente, habíasele aparecido de improviso, saliendo de la espesura... ¿Cómo?... Solo sabía que estaba allí, a sus pies, jurando y con palabras de fuego un amor que las conveniencias mandaban tener velado por el hielo aquel que ahora se deshacía, en el sitio más bello y solitario, bajo el cielo azul y rosa, arrullados tiernamente por las palomas que sobre sus cabezas también como ellos se achuchaban en sus nidos, enajenados por el gozo de su amorosa picotería. Y ella había cedido a todo, feliz al verse amada y en brazos de aquel Gonzaga idolatrado que fingía no comprender su pasión, pero que le pertenecía y se lo confesaba allí, donde no alcanzaba la ponzoñosa mirada del cíclope social que los habría aplastado a todos. Y en quejas y protestas habían rodado ambos del banco, y caído sobre el copioso césped que casi los ocultaba; y allí, bajo los árboles y el cielo azul y rosa, sin más testigos de su dicha que las palomas aquellas que también se amaban, habíase consumado su ideal de apasionado amor, ligando para siempre su existencia a la de su amante.

Luego había sentido frío. La brisa juguetona habíase tornado en cierzo ateridante que le lasceraba las carnes; y apretándose con fuerza al cuerpo de Gonzaga, que a su vez la oprimía más y más contra su pecho, besábale y mordíale excitada, aguijoneada por la fiereza del aire, hasta que cesó, desfallecida de amor y de ventura, aterida por el frío... o carbonizada por su pasión... Entonces fue cuando abrió los ojos y se encontró conque todo había sido una ilusión ominosa, una desgracia horrible. El placer soñado con Gonzaga era la infamia perpetrada por Liberato... Y la cólera de nuevo amenazaba ahogarla, cuando a su pesar le dominaba la otra idea, la ventura del sueño. Y en la martirizadora alternativa mental en que se hallaba Ana María, perdida la noción del tiempo, caía de una en otra consideración, a cual más dolorosa. Sublevábase a la idea de atenuar la indignidad del esclavo, y sin embargo, en el fondo de su deseo de venganza germinaba un sentimiento de ternura, un deliquio piadoso que acababa por enfurecerla, reprochándose a sí misma aquella involuntaria inclinación a la templanza. Sobre todo le exaltaba el vago convencimiento de su impotencia. ¿Era que empezaría por aminorar el crimen para concluir glorificando al criminal? Ella, tan vehemente en sus pasiones, ¿permitiría que se debilitaran los efectos de su venganza?... ¡Cuán grande confusión! Insensiblemente desaparecía de la imaginación de la ultrajada viuda el concepto vulgar, suplantado por la consideración lógica de la naturaleza inmanente. Ante el hombre prescribía el esclavo. La idea del castigo iba quedando oscurecida por el irritado espíritu de venganza. Predominaba el rencor de la mujer vilmente ofendida contra el hombre infamemente ofensor...

De nuevo sonó el viejo reloj armario del comedor, dando tres campanadas con su fijo intervalo de tres segundos para cada toque. En el silencio que reinaba repercutieron distintamente de un extremo a otro de la casa. Ana María no había dormido en toda la noche. Molestada ya de estar tendida, revolviéndose en el lecho, presa del mayor desconcierto, levantóse y abrió la ventana que daba al jardín y al campo. La fresca brisa matinal, embalsamada por los efluvios resinosos del bosque, llenó el cuarto de un ambiente odorífero en el cual daban la nota sobresaliente los fragantes geranios que allí cerca había plantados. De una cestita que estaba en un esquinero cogió la dama un cucurucho de bombones, sus inolvidables pastillas de menta, y acercando una silla se sentó, acodando el busto en el poyo de la ventana abierta; luego, sobre la izquierda mano descansó la cabeza y recostóse lánguidamente contra el alféizar. De súbito le asaltó el temor, al verse sola en ese instante de la madrugada en que se acentúa la oscuridad de la noche, como si necesitara el dios de las tinieblas hacer sentir todo su imperio antes de abdicar en el astro rey del día. Pero le contrarió sobremanera el solo pen-

samiento de hacer luz. Y luego, miedo ¿a quién? ¿por qué?...
¡Ah!... ¿Pues no había pasado cierto tiempo sin pensar en el
suceso de la noche anterior?... Aquello que tenía en la mano
¿qué era?... ¡Ah, sí! El cucurucho de las pastillas. ¡Aún no
había podido probar ninguna, dándole como le daban tan
gran consuelo en todas sus aflicciones!... ¿En qué había estado pensando?... En nada. Había sido aquel un momento en
blanco, el único que recordaba haber pasado así en toda su
vida, ella que poseía un cerebro activo, enérgico, en ebullición
constante. Ni cuando absorta pasaba horas enteras, aturdida
por el despecho que le causaran los desdenes de Eladislao, le
había sobrevenido semejante anonadamiento. Y si ahora que
aun no había transcurrido un día se olvidaba un instante de
su afrenta y del felón que la causara ¿llegaría un tiempo en
que lo olvidaría todo por completo?... «¡No, no!» —gritó iracunda, como si saliese de un sueño; ¡eso nunca! ¡eso nunca!...
¡Olvidarlo!... ¿Cómo podría olvidarlo si ni siquiera llegaría
jamás a perdonarle?... ¡Hasta se asombraba de que la palabra
«perdón» le viniese a la mente, siquiera fuese para afirmarse
más en su deseo de venganza!... Y sería terrible, inexorable,
en la venganza que ideaba. Buscaría un pretexto cualquiera
y le haría azotar diariamente cuando lo permitiera la resis-
tencia del infame. Luego, cuando estuviese en la enfermería
curándose, sanado ya de las llagas causadas por el látigo,
le envenenaría, puesto que no podía quemarle vivo; le envenenaría, gozándose en sus estertores, y al verle agonizante
le recordaría su crimen abominable, para que expirase bajo
la execración de su implacable víctima... Y en esta altura le
asaltó un pensamiento que le taladró cruelmente el corazón.
¿Permanecería callado Liberato? La infamia que ella quería
recordarle cuando le viera con los hipos de la muerte ¿no se
apresuraría a divulgarla el mismo infamador cuando se ha-

llase en el potro del castigo? ¿Quién podría impedírselo? Y si la publicaba ¿qué sería de su honra? ¿qué sería del honor de la familia?... ¡Ah, cuán cierto era que se encontraba atada de pies y manos por el destino adverso! Todo su derecho de ama ofendida, toda su altivez de soberbia criolla, hasta su dignidad de mujer culta, habían sido pisoteados; aquel «buen nombre» de la familia, con tanto ardimiento y tan constantemente defendido por ella, veíalo vilipendiado, escarnecido, arrastrado por el lodo de la concupiscencia, en la mayor de las profanaciones. ¿Y por quién? Por su propio esclavo, ¡dolorosa experiencia! Cuantos hasta entonces se acercaron a la familia, habíanle causado alguna desgarradura; cada cual se había llevado un jirón de su «buen nombre» lanzándolo al arroyo del desprestigio; y ella siempre esforzándose por remendar aquel «buen nombre», y ahora más que nunca se tenía que confesar incapaz de conservarlo presentable. Dependía de muchos. De Gonzaga, el seductor de Malenita; de Federico, su hermano, el demoledor de su riqueza; de María de Jesús, que había desaparecido llevándose a la recién nacida; de don Gumersindo, el mayordomo, que sin duda acechaba su oportunidad; y como si todo eso no bastara; un mulato, un esclavo, el ofensor más innoble por su condición, el más aborrecible por su doloso desafuero, convertíase asimismo en el más temible árbitro de la conservación exterior de aquel encarecido «buen nombre»... ¿Era que había de quedar sin su merecido aquel inicuo violador de mujeres indefensas? Y si la mujer ultrajada era además «un ser superior» ante la ley, ante la sociedad, su ama y señora, en fin ¿no se multiplicaba indefinidamente el grado de la infamia?...

Ana María, extenuada por el insomnio, atrofiado el cerebro por el rudo batallar de las pasiones en aquella noche de amarguras, dejó caer pesadamente la cabeza sobre el brazo que tenía extendido en el descanso de la ventana. Cuando algún tiempo después salió del letargo en que cayera, levantó la vista con la indolencia de los seres amodorrados, paseándola indiferentemente por el horizonte.

Tras un ligero cerro asomaba medio cuerpo el Sol iluminando el follaje del opuesto bosque. La niebla, desprendiéndose de las copas de los árboles, semejaba ligeros cúmulos que vagaban un instante por el limpio azul del aire, y desaparecían evaporados por el magno astro ascendente. A distancia una veintena de esclavos, el resto de la antigua dotación, trabajaba en un cuadro de terreno, el último de la resiembra, acompañando su labor con canturreado selvático estribillo que la inestable brisa hacía vibrar en todas direcciones. Y de nuevo iba la dama a caer en la roña de sus perplejidades, cuando la hizo ponerse en pie la voz inquisitiva del doctor Alvarado.

XIII

De una rápida ojeada comprendió el doctor el desorden mental en que se hallaba Ana María. Pero ésta contestó evasivamente al ser interrogada. Había pasado muy mala noche; no era nada; se sentía bien ya, y todo marcharía perfectamente.

El doctor pasó a ver a Magdalena. Los informes de la asistenta eran buenos en cuanto cabía. El cuerpo se reanimaba. El semblante denotaba la incipiente reacción ejercida por el tratamiento. Entonces habló el doctor de su retorno a Belmiranda. Durante las siguientes cuarenta y ocho horas debía seguirse con lo que él había indicado. No había necesidad de metodizar los alimentos; la enferma no los apetecería demasiado. Eso sí, debían ser sanos, prefiriendo los leguminosos. Las fiebres cesarían en breve, y ya se encontraría la joven en pleno período reconstituyente. Y para entonces, los baños fríos, la ducha, regular ejercicio mecánico, mucha exposición al aire; que se mudase la cama, al jardín o a la huerta, si así lo deseaba; que hiciera completa vida campestre. Montar a caballo, trepar las colinas; y sobre todo, la menor alusión posible a las causas que pudieron haber motivado su gravedad; si hablaba ella de eso debíase procurar divertir hacia otros asuntos su imaginación.

—A esto se reduce el plan curativo —terminó diciendo el doctor Alvarado—. Yo volveré pasado mañana. Sin embargo, tan pronto hayan cesado las fiebres será innecesaria mi presencia, como médico... ¿Qué tren es ese?...

—El que sube de Belmiranda, no tema usted; todavía tardará más de una hora el que viene de arriba.

De momento pareció como que Ana María se indisponía de nuevo. Palideció ligeramente, y se sostuvo de la baranda del corredor en donde a la sazón se hallaba de pie, hablando con el médico. Acudió éste al notar la variación, pero ella repuso vivamente que no era nada; un ligero vahído; la mala noche pasada... El doctor le aconsejó nuevamente que tomase unas cucharadas del pomo recetado a Magdalena, y que hiciera también mucho ejercicio corporal. Pero Ana María no le escuchaba. Embargábale el pensamiento el suceso de la noche anterior. No había visto a Liberato. No había querido solicitarlo, para no amedrentarle. Esperaba tropezar con él, según acontecía siempre, en alguna parte, en cualquier departamento. Pensaba hacerle entender que si el asunto quedaba entre los dos nada tendría que temer. Y así le conservaría a su disposición y en el primer momento caería sobre él y le cobraría con usura la oprobiosa deuda; le devolvería con creces la hiel que le había hecho tragar. Pero aún no había visto al cochero. ¿Era que avergonzado de su acción esquivaba el encuentro? Esto le pareció buena señal para llevar a cabo su propósito; pero Ana María no podía discurrir con calma en aquel maleficio. Y de ahí la desazón que le sobrecogió mientras hablaba con el doctor Alvarado.

La llegada de Nicasio animó el semblante de la señora. Nicasio era un joven capataz de cuadrilla jornalera, y además dueño de la taberna que había en la finca; aunque por más de una razón que ahora no hace al caso, afirmábase que era el mayordomo el verdadero propietario. Otras cosas más decíanse con referencia a la protección que dispensaba don Gumersindo al joven matrimonio, acaso por la coincidencia de ser aceptablemente agraciada la mujer, y asaz sumiso y andariego el marido. Pero Isabel era una muchacha prudente y de práctico entendimiento; muy cuidadora de su casita y muy activa en su negocio. Era ella la que llevaba las cuentas del tenducho, porque Nicasio no sabía leer ni «escrebir», como a menudo repetía con su peculiar sonrisa bonachona. Y el matrimonio parecía vivir feliz, sin hijos ni desavenencias.

Nicasio iba todas las semanas a Belmiranda. Tomaba el primer tren de pasajeros, si no le era posible hacer el viaje en alguno de los de carga, teniendo que ocultarse en cada chucho y en cada paradero, a fin de no hacerse notar del conductor; lo cual le resultaba muy divertido y muy económico. Pasábase allá en la ciudad el día husmeando en los mercados y almacenes; apartaba todo lo que después de mil regateos podía comprar más barato; disponía el embarque, hacía los recados y diligencias que le encargaban, y volvíase al día siguiente, muy orondo por bajarse en el apeadero cuando se daba el caso de venir en el tren, para el ingenio, alguna persona de más viso que un capataz tabernero —dicho sea— en tendencia injuriosa. Desde que se hallaba Ana María en la finca, aprovechaba el viaje semanal de Nicasio, y enviaba con él cartas y avisos a Belmiranda, recibiendo por el mismo conducto noticias de su casa en la ciudad. Y precisamente en la mañana aquella en que hablaba la viuda con el doctor Alvarado, llegó de Belmiranda el guajiro trayendo un paquete. Lo enviaba el cuidadoso portero, el cual habiendo recibido orden de remitir lo que llevasen allí para la familia, mandaba semanalmente hasta los carteles del circo o del teatro que por las persianas echaban los muchachos repartidores.

Entre las cartas iba una que al día siguiente del apaleamiento de Federico había escrito el abogado Jústiz en la casa misma en que se hallaba el apaleado. Exponía el activo criminalista en su escrito la situación del caso, indicando lo que estimaba oportuno hacer, y lo había entregado al bueno de Castiñeira para que lo enviase «por el primer correo». Y el atento gallego, que era muy precavido en la ejecución de sus encargos, y quería serlo especialmente en aquél sabiendo que se trataba del percance del «señorito» colocó la carta enseguida en el cajón que para tales oficios tenía dispuesto; y fue también lo primero que puso en el paquete cuando cinco días después llegó Nicasio a ver «qué había para la señora».

—¿Ve usted, doctor? —dijo Ana María al médico, que salía con su maletín para montar en la volanta que le esperaba a la puerta.

—Ahora recibo la carta que me escribió el abogado al día siguiente del percance de Fico. Ni siquiera le valió poner con letras gordas: Urgente, en el sobrescrito... ¿Quiere usted un hombre más estúpido que ese maldito gallego?

—A mí, señora, no me hable usted de gallegos. Cuando yo era estudiante conocí uno en Barcelona, que teniendo que hacer un viaje rápido, salió de la estación del ferrocarril a pie dos horas antes que el tren, a fin de ir ganando camino.

Y a tiempo que así hablaba tendía el doctor la mano, despidiéndose.

—¿Por qué no ha dado su maleta a Liberato?

—¡Bah! ¿qué importa eso? Además, no he visto a Liberato esta mañana. Vaya, adiós; que no se olvide nada de lo que he recomendado; y si ocurriese alguna novedad alarmante, avíseme por telégrafo enseguida.

Al entrar la volanta en el camino del chucho, encontró el doctor a don Gumersindo.

—¡Adiós, don Gumersindo!

—Muy buenos días, doctor. Allá voy a despedirlo.

—Pues venga y monte, hombre de Dios, que se va usted por ahí a pie...

Al oír esto Pío detuvo el caballo.

—Ya estoy acostumbrado a estos andares —dijo el mayordomo, subiendo. Y fueron amigablemente hablando hasta el apeadero. Con profesional franqueza le trató el doctor, agradado por su afectuosa cortesía—. Es una familia de histéricos hereditarios; y usted sabe perfectamente que éstos son enfermos incurables —dijo, continuando su diagnóstico y refiriéndose a los dueños de la finca—. Todo lo que puede hacerse en el caso de la señorita es evitar la hipocondría, para lo cual le recomiendo a usted el más exquisito celo en el tratamiento que dejo indicado. Importa mucho ganarse la confianza de la enferma para obtener la curación mas pronta y eficaz. La viuda misma debiera someterse a un método de curación, y no sería inoportuno el que procurase usted inclinarla a ello. A más de la consideración que le dispensa la señora como probo empleado, tendrá usted en adelante la influencia de ser el farmacéutico de la finca; y esto con el interés que dice usted tener por la familia de su difunto paisano, puede auxiliar mucho al restablecimiento de esa pobre muchacha...

Cuando momentos después partió el tren, volvióse don Gumersindo al ingenio, bajándose en la casa de calderas. ¡Cuan satisfecho estaba por lo que le dijera el doctor! Y, en realidad ¿no tenía motivo para ello, al encontrarse tan inopinadamente en las más ventajosas circunstancias? ¿No equivalía la recomendación del médico a la tácita entrega de Malenita?... Así lo creía el mayordomo; y se frotaba gozoso las manos, pensando en que por amor o gratitud llegaría al fin de su propósito. Faltaba mucho aún por andar, pero él avanzaba confiado, teniendo a su paso lo más llano del camino. Hasta entonces había luchado solo, ahora ya contaba con aliados poderosos que inconscientemente le ayudaban en su empresa. Ya tenía minado el terreno en que pisaba la viuda; según le conviniese lo haría saltar, pulverizando el obstáculo si éste persistía, o lo hundiría en los abismos del silencio, barriéndolo de su paso. Ya se embriagaba con los placeres de la victoria, ya veía realizado su sueño de grandezas. Nada era suyo, y todo lo sería. Si no había sido capaz de concebir el colosal proyecto del ingenio modelo, tendría el talento necesario para ponerlo en práctica. Seguiría siendo el brazo de su difunto paisano. ¿Qué le importaba? La obra, al fin y al cabo, sería suya; y esto demostraría una vez más la excelencia de las medianías. Solo necesitaba clara vista y brazo firme. Pues lo tendría. Y a la hora precisa, en el momento oportuno descargaría el golpe, haría cambiar la escena y se produciría la transformación, la catástrofe sin ruido, la práctica revolución social por el método individualista.

Tercera parte

I

Creían los supersticiosos del vecindario de los hermanos Fidelio y Carmelina Donoso, que éstos mudarían de domicilio a causa del fallecimiento de la señora Augusta; pero nada más lejos de la mente de los jóvenes huérfanos. Muy por el contrario, en aquellas paredes, en cada losa del suelo, en cada detalle del edificio tenían un motivo para recordar, con el dulce dolor que se recuerda a los seres amados que han desaparecido, la bondad inagotable, la ternura exquisita de su adorada madre. Solo hubo una novedad: la presencia de la anciana ña Simona, que a la muerte de la señora quedó instalada en la casa para servir de compañía a la buena de Carmelina, la cual le adscribió los respetos y el cariño que pudiera haber profesado a una pariente materna.

Por agradecimiento habían comenzado los hermanos el trato del señor Gonzaga y de su amable esposa; pero no tardaron en considerarlos como amigos. Con ingenua cordialidad había recibido América las demostraciones de Carmelina, siendo no pocos los días que pasaba ésta en casa de aquélla, haciendo a su lado las labores de costura. Fidelio continuaba trabajando en su oficio de tonelero, y con sus jornales subvenía holgadamente a las necesidades de su hermana al desatender sus propios compromisos.

Los días que en casa de los esposos Gonzaga solía pasar Carmelina, iba por la noche a buscarla Fidelio, y siempre salía éste complacido de la amabilidad con que le tratara Eladislao, quien si se hallaba allí le retenía y le hablaba con la estimuladora llaneza que tanto realzaba su conversación, de la cual sacaba el joven constantes y provechosas enseñanzas que, a la vez que ilustraban su clara inteligencia robustecían el afecto de simpatía que, desde que le conociera, sintió por aquel hombre a quien cada día respetaba y admiraba más. Cautivábanle las pláticas de Eladislao, y a menudo sucedíanse las veladas de familiar conversación sobre diversos asuntos, con más frecuencia los tendentes a la discusión de los distintos problemas que ofrecía la cuestión antillana, encontrándose en no pocas de aquellas veladas el doctor Alvarado, que continuaba siendo el amigo más íntimo del señor Gonzaga, y el cual tanta afición tenía por la conservación saludable del cuerpo humano como por el mejoramiento de la salud política y social de su país.

Cuba entraba en un periodo dificilísimo. De un solo paso habíase colocado el espíritu popular en plena era de reconstrucción, y a cada nuevo avance habría de tropezar la sociedad con los adheridos hábitos que en siglos de muy diferente existencia habían constituido su organismo, especialmente adaptado al régimen arbitrario de la colonia sojuzgada. En momentos de noble emulación la equidad había logrado avasallar a la injusticia; pero el egoísmo étnico se manifestaba luego con creciente e indomable pujanza, amenazando dar al traste con los proclamados propósitos de reorganización patriótica. Y era que el principio de la democracia había sido idealizado por la ardiente imaginación tropical; los cubanos se habían engañado a sí propios, levantando una bandera cuyo programa en la realidad pugnaba con las exigencias de su educación, nacido como habían y desarrolládose bajo la temerosa dominación española, a su vez imponiéndose parcialmente a la extracción africana, y fomentándose con tales procedimientos una incondicional supremacía sobre la descendencia de ésta había sufrido con pasividad un vasallaje superior, porque lo compensaba con su inferior soberanía. Ahora se le escapaba de entre las manos el esclavo, que por el mismo natural impulso revolucionario había subido hasta parearse con el amo de la víspera. El liberto era un ciudadano en cuanto lo era el colono, y ambos permanecían sujetos a idéntica fuerza colonizadora metropolitana. Todo, como ineludible consecuencia de las circunstancias, lo había ganado el esclavo. El señor quedaba, relativamente, en la misma condición en que estaba antes de aquel esfuerzo. Su demanda no le había aprovechado como clase en la gradación de la colonia; y en sus investigaciones jurídicas se había convencido de que en el fondo de todo aquello había muy poco que le favoreciese como ciudadano de la nación. Se había acostumbrado en la política a la vida de las divisiones bizantino-autocráticas del sistema imperante, y como atávicas manifestaciones del intelecto español, en lo civil había sustentado siempre las subordinaciones señoriales. ¡Y aquellos señoríos, fomentados a la sombra de la esclavitud, se hallaban sentenciados a extinción total! Casi desaparecían ya, franqueando el paso, elevando por sí mismos, hasta su propia altura al liberto, con lo cual se acrecentaba poderosamente la clase de colonos; pero la división esencial, la que condenaba al cubano a inferioridad legal, permanecía inalterable. El colono seguía siendo colono, subyugado por el colonizador, que inmutable continuaba ostentando su sable de conquistador invicto, su bastón de mando con el cual le amenazaba, acosándole y aniquilándole con sus ejércitos de insensibles ejecutores de apremio.

Y bien; si no se podía romper el cerco, se ampliaría la situación. «Ya que ha desaparecido el esclavo —pensó— quede al menos el negro. Queremos libertad, libertad completa; pero nuestro esclavo de ayer no puede ser nuestro compañero de hoy. Demos tolerable tregua a nuestras aspiraciones. Acostumbremos al liberto del cuerpo a la servidumbre del espíritu. Se ha extinguido virtualmente el esclavo material, procuremos a todo trance establecer de la manera más sólida la esclavitud moral. Que el negro llegue a considerarse negro por todo lo que le resta de vida entre nosotros; que el liberto desarrolle sus sentimientos en la convicción de su inferioridad imprescindible en su pasajera existencia en nuestra sociedad. Así se habrán consumado dos hechos de vitalidad esencialísima, elementales de nuestra futura estabilidad: la conciencia del negro no se sublevará; nuestros antiguos privilegios quedarán consolidados. En esto hay un gran principio de humanidad; porque, convencido de su condición inferior ese decayente elemento popular, no sufrirá su orgullo de hombre, porque sus aspiraciones de tal habrán desaparecido, gracias a nuestro depresivo sistema. De esta suerte no habrá que temer conflictos de raza; la libertad cubana será una realidad patriótica. Si la república no ha de compadecerse con nuestras arraigadas costumbres, aplacemos la república. Luchemos en los comicios. La única manera de alcanzar la elevación política sin alterar la existente desnivelación social, es obtener por grados en los altos cuerpos colegisladores convenientes derechos y preeminencias que nos aseguren la supremacía democrática, instituyendo de hecho la soberanía colonial. ¿Que esto no será eterno? ¡Vaya! Nada lo es en el correr de los tiempos. Mas, para cuando pudiera presentarse el conflicto de la protesta habrá quedado tan debilitado el común enemigo, que su inmensa mayoría, por la natural y ya bastante señalada evolución generatriz, habrá venido a robustecer el número de la raza superior, asegurando de este modo la unidad moral, el sentimiento patriótico, la consumación del ideal cubano.»

Tal era, en resumen, el sentimiento predominante según la interpretación que se le daba en aquellas tertulias. Liberal, muy liberal; pero sosteniendo con inalterable firmeza la línea divisoria que impidiese la confusión del especial liberalismo practicado, con la democracia preconizada en el programa originario de sus fundamentos.

II

Sobre estas y análogas cuestiones del prospecto colonial en su nueva etapa, discurrieron no pocas veces Eladislao y Fidelio. Pero cuando aquellas veladas adquirían verdadera animación era cuando en ellas tomaba parte el expansivo doctor Alvarado.

—Toda la política de nuestro país —decía una vez el doctor— gira en derredor de *un punto negro*. A mí no me gusta andar con tapujos, y me basta verle a usted en relaciones con mi amigo el señor Gonzaga para decir lo que siento sin reservas y sin temor a que usted se ofenda.

Fidelio sonrió ligeramente, y movió la cabeza en significación de asentimiento.

—Yo soy así; las cosas que me desagradan las rechazo —continuó el doctor Alvarado—; y cuando hablo quiero que todo el mundo me entienda. Aquí tiene que ocurrir un cataclismo. El choque de todas las aspiraciones que se agitan será tremendo, como es inevitable. Ya se ha hecho la paz oficial, pero ¿cuánto durará? «*L'espace d'un matin*», como dijo el poeta. El movimiento de agosto ha fracasado, pero la cuestión queda en pie, con no despreciables síntomas agravantes. Los separatistas se mueven silenciosos, reconcentrados en su despecho por el abandono en que los ha dejado la mayoría de sus compatriotas, y a ellos les achacan su derrota. La raza de color, que ha adelantado mucho en el reconocimiento de sus derechos, hállase resentida porque al querer practicarlos solo ha obtenido la burla y el desdén en lo social, mientras que en lo político ha visto una acusación infamante que tiende a postergarla como raza, en las temerarias exposiciones del manifiesto del Partido liberal, que en el instante en que comienza su vida la presenta a la consideración general como una fracción peligrosa por las ideas disolventes que se le atribuyen. ¿Qué sucederá de todo esto?... Si los cubanos fuésemos demócratas todo estaría resuelto; pero nosotros no somos demócratas. Y lo peor es que tampoco somos autócratas. Somos aristócratas vergonzantes, refugiados en una ideocracia tan inconsistente como indefinible. Nos deslumbra y nos atrae con fuerza incontrastable el brillo de las altas jerarquías sociales; y como en la de la sangre no tenemos verdadera representación, y es casi total nuestra oscuridad en las armas como es manifiesta nuestra actual decadencia en el dinero; no pudiendo presentar otra ejecutoria que la de las más destituidas clases del pueblo europeo, hemos pensado en la institución de una aristocracia ideocrática, informada por la superficial y exótica sabiduría de que alardeamos y en la preocupación del color, no de la raza; lo que sería materialmente imposible en una sociedad como la nuestra, donde la mayoría de las familias blancas no pueden colocar en su galería el retrato de la abuelita. ¡Ah! ¿Sonríen ustedes? No significará esa sonrisa una negación, ni siquiera la duda de mis afirmaciones. Nadie podría demostrar seriamente lo contrario. ¡Odiamos el dominio de España; nos subleva la igualdad con las clases que hemos visto prácticamente en inferioridad completa; y buscando la concentración del poder en nuestras manos —en las manos del grupo que todo ha querido representarlo entre nosotros— transigiremos con todo, con todo! Las humillaciones más irritantes nos han de parecer tolerables adversidades que nos permitirán más tarde o más temprano dominarlo todo. El orgullo de ciudadano de primera nos consolará de nuestra secundaria situación en la vida nacional. Preferiremos todas las mixtificaciones antes que consentir en el establecimiento de la igualdad social. El negro, instrumento creador de la riqueza que la empleomanía ha exportado de nuestro país, nos ha traído la ruina moral. Yo no quiero entrar ahora en averiguación de causas, ni pretendo distribuir responsabilidades. Caiga la culpa sobre quienes la merezcan; pero ustedes, hijo mío —dijo encarándose con Fidelio— nada tienen que esperar. Somos un pueblo raquítico, y en nuestro festín de miserias no hay migajas. ¡Si alguna vez levantamos el ánimo a convenientes alturas de dignidad y justicia, los trataremos a ustedes con benevolencia; pero por ahora, *non possumus*!...

Dicho lo cual salió sin saludar ni atender a las palabras que le dirigía Eladislao para que se detuviera un instante más.

—Es un hombre muy original —dijo Gonzaga a Fidelio—; muy buena persona; pero tratándose de la política cubana es un intransigente rojo. Su lema es: «Todo o nada»...

El reloj marcó las diez. Fidelio se dispuso a partir y, despedida su hermana de la señora de Gonzaga, salieron.

Fidelio se mostró muy preocupado. En diversas ocasiones había pensado largamente en aquella situación que cada vez se imponía a su cerebro, según iba adelantando en las conversaciones que sostenía con el señor Gonzaga, en las que por lo general asumía él, con natural modestia, el papel de oyente que con cierta timidez aventuraba de cuando en tiempo atinadas observaciones que notoriamente regocijaban a Eladislao.

Silencioso llegó a la casa y entraron; y su hermana dio varias vueltas y rodeos y no se acostó ¡qué había de acostarse! hasta que le hizo hablar. Estaba él sentado en un sillón de la sala mudo, ensimismado, cuando por detrás se le acercó Carmelina, y posándole una mano en la cabeza, cerca de la frente, con suave movimiento echósela hacia atrás a tiempo que, inclinando ella un tanto la suya, encontrándose las miradas de los dos hermanos, acariciáronse dulce y candorosamente.

—¿Qué tienes, Filo? ¿Por qué estás tan triste? —díjole con voz que delataba la cercanía del llanto.

—¿Yo? Nada. ¿Qué he de tener? —replicó Fidelio, con afectuosa complacencia.

—Estás huraño conmigo. Dime, ¿qué tienes?...

—Si no es nada; solo que suceden cosas que... Bueno, tú no sabes de eso, y preferible sería que no lo supieras nunca.

—¡Qué de tonterías dicen ustedes los hombres! ¿que estás así por la conversación que han tenido esta noche con el doctor Alvarado tú y don Eladislao?... Cosas de política... Ya me lo decía Miquita cuando desde el cuarto oyó que hablaba tanto el doctor. «Este Alvarado es muy imprudente, y a tu hermano le van a disgustar sus cosas», dijo Miquita. Y también dijo que le iba a decir a su marido que le hiciera alguna indicación al doctor, porque no hay necesidad de molestar a nadie, sobre todo si no nos molestan a nosotros.

—¿Eso dijo doña América?... Tiene un corazón de oro esa señora; pero, a la verdad, no me ha disgustado nada de lo que ha dicho el doctor Alvarado. Lo que sí ha sucedido es que me ha hecho pensar en un cuarto de hora más de lo que acaso en un año habría pensado sin eso que doña América llama imprudencias. No son los conceptos del doctor los que ofenden; es «la cosa en sí», como dice el señor Gonzaga. Figúrate que en solo unas cuantas frases trazó el cuadro más tenebroso de la situación de nuestro país, y dentro de éste el de la raza de color, ¡que ahora se me ofrece en las condiciones más desesperadas!...

—¿Y por qué han de meter en todo a la pobre raza de color, Filo?

—No, si no es que la meten. Precisamente es para sacarla; porque en todo la temen.

—¡Temerla! ¿Y por qué?

—¿No te lo dijo? No lo entiendes. Además sería una maldad explicártelo. ¿Qué adelantaríamos con eso? Tú eres demasiado buena para que yo te haga sufrir iniciándote en tantas maldades...

—¡Qué pesado te pones para decir esas cosas!... Y tú, vamos a ver ¿por qué te metes en ellas, si son tan malas?...

—No te faltaría razón si fuera como piensas, pero es que tampoco yo me meto en ellas, o por lo menos no me he metido nunca; y si las sé hoy es porque en todas partes oigo las mismas quejas, las mismas censuras, los mismos temores. A fuerza de asedio he penetrado en los laberintos de la opinión, y me ocurre que hasta cerrando los ojos veo las injusticias que antes no veía, y se me presenta todo de diverso color que antes, y no puedo sustraerme a la influencia de las circunstancias... Es muy triste, Carmela, muy triste; pero tal parece que llegará un día en que las personas de color habremos de considerarnos como una calamidad humana...

—¡Jesús, Filo! ¡Si mamita le oyera no te conocería!

—¡Ah! ¡Mamita... mamita, era una santa!... ¡Qué lejos estuvo ella de pensar en el azaroso porvenir que nos espera!... Cuando pienso en ello me digo que si resucitara volvería a morirse...

Dos hilos de lágrimas caían a lo largo del rostro de Fidelio. Púsose en pie y vio que también su hermana lloraba. Claro.

Lo mismo sucedía siempre que recordaban a su madre; pero eran aquéllas, lágrimas que no dejaban en el ánimo otras huellas que un beatífico martirio en que el dolor mundano tenía la menor participación posible.

Fidelio dio un beso en la frente a su hermana, y deseándole buena noche se retiró a su cuarto. Poco después daban las doce. Todo en la casa estaba envuelto en la más completa oscuridad. No había luz en las habitaciones ni en los cerebros. La anciana ña Simona dormía como una bienaventurada. Carmelina lloraba pensando en su buena madre, y sin comprenderlo temía por cuanto le dijera su hermano; mientras por su parle Fidelio, sin poder dormir, recordaba las palabras del doctor Alvarado, evocaba las diversas apreciaciones que con anterioridad había oído del señor Gonzaga, comparaba hechos pasados con presentes sucesos, y se esforzaba por descifrar el futuro de su patria y los destinos de su raza, sin vislumbrar un punto claro en el lóbrego camino por andar!

III

Desde su llegada a Belmiranda hallábase María de Jesús en casa de una modestísima familia, en la apartada calle del Mango, allá en el Barrio Viejo. Todo lo había encontrado dispuesto para ella y la pequeña Margot, según había querido el papá que se nombrase a la recién nacida.

Sabía Eladislao que podía contar con la fidelidad de la vivaracha negrita, porque desde los primeros días de su presentación en casa de la familia Nudoso Unzúazu, notó que la muchacha experimentaba cierto placer en servirle, demostrando siempre su simpatía por él. Y cuando más luego estuvo al servicio administrativo de la viuda, convencido de que la joven esclava sabía todos sus dares y tomares con Magdalena, haciéndola su confidente, habíala contentado con algunos regalitos; y ponderando el valimiento de su mediación en aquellos clandestinos amores, convirtióla en un brazo fuerte y dócil que le obedecía ciega y eficazmente. Cada día le enteraba ella de cuanto de interés para él ocurría en la casa, pero: «¡Ah! que no lo sepa nunca la niña Malenita!». Esta era la constante súplica de María de Jesús, sin que pudiera Gonzaga explicarse la peregrina tema de la negrita, siendo así que el saberlo su ama dispondría en mucho su ánimo en favor de la muchacha.[11] Pero no hubo medio de hacerla dar una explicación. Cuando le interrogaba Eladislao sobre este punto notábase en María de Jesús cierta confusión angustiosa, y terminado por exponer tímidamente que «su reserva era su secreto»; y tal fue su empeño en conservarlo que Gonzaga decidió no interrogarla más, respetando su deseo.

Así continuó todo hasta que Gonzaga se vio compelido a separarse de la casa. Entonces fue cuando María de Jesús desplegó toda su actividad y sus talentos en favor de los amantes. Solo se negó siempre a llevar recado a Magdalena de parte de Eladislao. Fuera de esto, lo investigaba todo, lo retenía todo, y daba sus escapaditas y se lo refería al señor Gonzaga. Ella fue la que pensó en que sus frecuentes entrevistas en el Parque de la Marina habían necesariamente de llamar la atención de los maldicientes, dada la desastrosa fama de aquel paseo, y le propuso, si no se burlaba de ella por su pobre caligrafía, escribirle algunas veces, a fin de evitar en lo posible las conferencias del Parque.

Aquello sorprendió a Eladislao. ¿Conque María de Jesús sabía escribir?... Sí. Gustábale a Magdalena instruir, siquiera fuese rudimentariamente, a los criados del servicio doméstico; y María de Jesús, aunque conservando una pronuncia-

11 Sic. (N. del E.)

ción imposible, había aprendido a unir pasajeramente las sílabas, y podía con letras siempre torpes y nunca iguales, producir los sonidos que necesitaba para expresar su pensamiento. Y así logró el señor Gonzaga, sin mucha exposición recibir diariamente noticias de Malenita, ya que ésta solo podía escribirle por el correo interior una o dos veces a la semana, poniendo ella misma en el buzón las cartas, para no confiar a nadie su secreto. Pero luego vino la partida para el ingenio, y únicamente dos cartas pudo Magdalena escribir a Eladislao antes de la postración que le causara su alumbramiento. Esto acentuó de nuevo el mérito de los servicios de la intermediaria. María de Jesús escribía en agresivas letras como puñetazos, detallando todo lo que pasaba en el ingenio respecto de Magdalena; y a menudo recibía Eladislao noticias del estado de la joven. Por este medio supo cómo diera a luz la infortunada Malenita; y la crueldad con que la tratara su hermana Ana María, y la furtiva sustracción de la recién nacida, cosa que parecía obedecer al intento de separarla decididamente de la madre y ocultarle acaso su existencia; lo cual movió a Eladislao a enviar un individuo de su confianza para proteger la huida de María de Jesús del sitio en que se hallaba, trasladándola a Belmiranda con la niña.

Era el comisionado por Gonzaga un tal José Miguel Mendoza, mestizo casi blanco, cuya libertad había gestionado y obtenido aquél, sin desembolso de ninguna clase. Hallábase José Miguel coartado en 400 pesos y trabajaba por su oficio de tonelero, pagando jornal a su amo. Pero hubo de enfermársele uno de los cuatro hijos que tenía de una mujer, una arrogante «india», con la cual en buena maridanza llevaba cerca de diez años, habiéndola libertado con fuerza de ahorros y el auxilio de una pequeña lotería que afortunadamente le tocara; y a la enfermedad del niño se unió el parto de Graciana, «su enriela», como él decía, dándole el quinto vástago y un entorpecimiento incalculable en su marcha financiera. Por supuesto, no pudo pagar sus jornales de aquel mes, ni tampoco los del siguiente, y su dueño no quiso esperar más. Comenzó, pues, a hostigarle, y como José Miguel trabajaba en el mismo taller que Fidelio, enteró a éste del caso para que le hiciese una carta suplicando a su amo le aguardase otros quince días. Pero la negativa fue rotunda, y además acompañada de una amenaza de venta si al día siguiente no le llevaba el esclavo sus adeudos. Entonces Fidelio comunicó el caso al señor Gonzaga, presentándole después a José Miguel.

—¡Cómo! ¿Coartado en 400 pesos? ¡Pues si con esa cantidad le sobra a usted para estar libre!...

José Miguel abrió tamaños ojos. El caballero no debía estar bien enterado. ¿No habían señalado en tasación su precio en 1.100 pesos? ¿Cómo iba a estar libre con solo 400?

El señor Gonzaga le explicó el motivo.

—Vea usted; la ley de abolición de 1880 señala de 30 a 50 pesos anuales por cada esclavo, o patrocinado, como dicen, durante los primeros cinco años, y el término medio de la primera cantidad por cada uno de los tres años restantes, que completan los ocho del patronato. De manera que, hallándose usted coartado en 400 pesos, claro está que le sobra dinero para su libertad, sobre todo si tenemos en cuenta que ya han transcurrido más de dos años desde la promulgación de esa ley.

José Miguel comprendió algo esta vez; pero no acabó de enterarse hasta que algunos días más tarde, gracias a las diligencias de Eladislao, recibió su carta de redención. ¡Ah! ¡Y él que venía pagando onza y media de oro cada mes, desde hacía cinco años!... Por lo menos debían restituirle con sus naturales derechos el remanente en pesos de su coartación.

Mas esto que le ocurrió varias veces no se atrevió José Miguel a comunicárselo al señor Gonzaga.

Poco tiempo después de aquello había ocurrido lo de María de Jesús. ¿Cómo no había de ir gozoso el mestizo, si con ello prestaba un servicio a su noble favorecedor, sabiendo además que se trataba de libertar a una pobre esclava, y de recoger a una niña cuya madre había fallecido al darla a luz, según le refiriera Eladislao al pedirle su ayuda en aquel asunto? Había compromiso muy cierto pero en ese mismo caso se había visto él, cuando tuvo que esconderse porque su amo quería prenderle para hacer valer sus pretendidos derechos. Y prometió al señor Gonzaga hacer lo que estuviera en su mano, obedeciendo en todo a sus indicaciones.

La operación había sido llevada a cabo con toda felicidad. María de Jesús se hallaba con la recién nacida en la ciudad, al cuidado de Graciana, que era la encargada de criar a media leche a la rolliza Margot, cuya salud lejos de resentirse por los cambios de lactancia en edad tan tierna, parecía ganar cada vez más en ellos —de lo que se mostraban satisfechos José Miguel y Graciana, porque así tenían una buena ocasión para demostrar a su protector que eran gentes agradecidas.

¡Cuánto hubo de indignarse Eladislao al enterarle María de Jesús del estado en que dejara a Malenita! Y eso que la criada había dejado de verla desde la noche misma del día en que nació la niña. ¡Si la hubiera visto ahora que había pasado cerca de un mes! Pero Gonzaga, por más que no sospechara todo lo que ocurría, imaginó que era necesaria la presencia de alguien que pudiera influir favorablemente en aquella situación.

Atormentábale ahora, a más del sufrimiento de Malenita, viéndose él impotente para socorrerla, el desembolso que había hecho para la manumisión de María de Jesús, lo que no había querido que pasara del día en que llegó a Belmiranda la muchacha, a fin de que no le perjudicase la ley estimándola como prófuga. Lo primero que había hecho Eladislao había sido entregarle la cantidad de su rescate, dirigiéndola para que se presentase a la Junta exhibiendo el monto legal para la cesación de su patronato, recibiendo como constancia y autorización un documento que la declaraba en aptitud para trabajar por su cuenta mientras se resolviese definitivamente el caso.

Ya estaba libre María de Jesús, dueña de sus acciones y jurándose interiormente una adhesión sin límites a la pequeña Margot, para en algún modo compensar al padre de la niña el beneficio inapreciable que le había hecho.

En aquella manumisión cavilaba apenado, cuando por la noche se halló en su casa, aislado en la penumbra de la sala, alumbrada tan solo por la luz del comedor. Había cumplido como un hombre honrado su deber al libertar a la que tanto le había servido en sus clandestinos amores; pero ¿tenía él derecho a emplear de semejante modo el dinero de su esposa?

En alguna parte había oído referir cierta historia, a cuyo protagonista hubo de condenar acerbamente. Tratábase de un libertino que había arruinado a su esposa arrebatándole a montones el dinero para jugarlo a una carta o «a la pata de un gallo», o bien en ocasiones para libertar a una mulata y mantenerla como objeto de lujo y de placer. ¿Qué diferencia existía entre aquel desvergonzado y él?... En vano atenuaba Eladislao su culpa diciéndose que él no abusaba de su esposa, que jamás había pesado sobre ella, que ahora mismo se atendía a los gastos de la casa con el dinero que él había ganado y con las modestas especulaciones que le permitía la corta suma que había alcanzado al ajustar cuentas con la viuda de Nudoso; argumentábase enseguida pensando en que por lo menos la mitad de lo que poseía de su trabajo no le pertenecía, y que su mujer era la natural asesora de sus actos, a la cual había burlado en una parte del dinero que diera a María de Jesús; y a pesar de todas las atenuaciones, resultaba siempre como fehaciente dato de acusación la cantidad manumisora, desde todos los puntos vista, en perjuicio de su consorte.

En esta lucha atormentadora le encontró el doctor Alvarado.

Muy su amigo era el doctor. Más de una vez se lo había probado; pero en este asunto no se atrevía Gonzaga a solicitar su cooperación. ¿Cómo recordarle él mismo que había faltado a toda la consideración y respeto debidos a la familia a quien por el propio doctor fuera presentado?... Y si no contaba con él ¿con quién había de contar?...

Así pensando cayó en tal distracción que, advertida por el doctor, indújole a interrogarle.

¿Qué podía ser? El doctor Alvarado había visto algunas veces a Eladislao en aquella actitud; cuando sufría precarias escaseces de dinero que, adivinando, habíalas remediado como su amigo que era. Pero ahora no debía ser esto; porque el doctor no ignoraba que Gonzaga había hecho algunos ahorros durante su empleo y, además, su esposa había recibido no hacía mucho 10.000 pesos, procurados por el abogado que gestionaba la resolución de sus bienes.

—¿Qué tiene usted esta noche? A usted le pasa algo...

—Mi buen amigo, el caso es de suyo grave —y al mismo tiempo, con temor mal disimulado volvía la vista hacia el comedor, donde la esposa cosía en compañía de la hermana de Fidelio.

—Magdalena, nuestra amiga —continuó Eladislao, velando convenientemente la voz— se halla enferma en el ingenio.

Tengo motivos para creer que su hermana se empeña en ocultarlo todo, y temo que de la ocultación resulte lo peor...

Ahora fue el doctor Alvarado el que se quedó suspendido de las palabras de Gonzaga. Al fin dijo:

—No ignoro el estado en que Magdalena partió para el ingenio, por más que no quiso consultarme aunque se lo insinué bastante mientras asistí a su hermana... Pero si no me llaman ellas ¿qué he de hacer yo?

Viendo Eladislao que el doctor demostraba saberlo todo habló con decisión. Entendía que su carácter de antiguo médico y amigo de la familia le facilitaban su presentación en la finca sin previo aviso; y si, en efecto, había necesidad de un facultativo, ninguno como el doctor Alvarado que era amigo de *ella*, la enferma, y de *él* que se lo suplicaba en nombre de aquella misma amistad.

Con un significativo apretón de manos se despidió el doctor al cabo de un rato, prometiendo a su amigo partir en el primer tren del día siguiente. Y al mismo tiempo que con los datos que le suministrara Eladislao y el conocimiento que tenía de la complexión de la joven, trazaba mentalmente el curso de la enfermedad, llevándola hasta las más graves conclusiones, pensaba con cierta complacencia en la actitud de su amigo.

Hombre de mundo el doctor, en más de una ocasión había juzgado, allá para sus adentros, la conducta de Eladislao en aquellos amores que él no había querido calificar en sus comienzos, convencido de la inutilidad de las inculpaciones en tales circunstancias; pero al ver su retirada y su completo alejamiento de la casa, sin oírle nunca la más ligera alusión respecto a aquella familia, condenó el hecho como un acto de cobardía, como un egoísmo indisculpable en un hombre de vergüenza. No era él, en verdad, un moralista gazmoño; pero había presentado a Eladislao Gonzaga en aquella casa, y ya que le remordía la conciencia por su inopinada complicidad en aquella aventura, dolíale tener que considerar al seductor, su amigo, como un individuo despreciable. Y ¿qué menos habría de pensar del hombre que sin notoria y dominante causa abandonase la mujer que con su amor le entregara su honra?... Mejor sería no haberse enamorado, como suelen decir los imbéciles; pero el doctor Alvarado era a la par que inteligente discreto, y sabía que las pasiones dirigen los actos humanos; que el amor es sentimiento que nace espontáneo y fuerte, siendo a lo sumo susceptible de modificativa transacción cuando avasalla algún cerebro bien constituido. Sabía que los caprichos sensuales, propios son de gente necia y petulante; pero que la pasión amorosa no reconoce escalas ni acepta condiciones. Impera en absoluto, o no existe.

IV

Aquella mañana amaneció Federico en un estado alarmante. Había pasado una noche infernal, con mucho dolor en la espalda y una tos seca y penosa, que le hacía de vez en cuando arrojar esputos cada vez más viscosos y estriados de sangre, contra los cuales había preparado la anciana Maló un «almedor de güira cimarrona» que había ido a buscar ella misma a casa de unos «carabelas» a quienes de año en tiempo visitaba, gozando con ellos la única satisfacción completa que recordaba en su vida.

Celebrábase por el fausto acontecimiento de aquellas visitas más o menos anuales, un animado banquete de «jutía» ahumada, guisada con «quimbombó» en «calalú», espolvoreado de ajonjolí tostado y molido en «pilón»; «fufú» de plátanos «pintones» y «malangas» de huevo; arroz «de la tierra», bien desgranado, sazonado con manteca de «corojo», cubierto al «secarse» con una capa de «guengré», y servido cada guisote en su cazuela, y comido a mano y suelo limpios, allá, bajo los árboles, en el fondo del patio, teniendo en el centro un gran jarro de «chicha» o aguardiente de maíz, que con verdadero deleite apuraban sin tasa ni medida los alborozados comensales. Luego, cuando el Sol había desaparecido, terminaba la apoplética «jitera» con la más bulliciosa y fraternal orgía, en medio de los cantos salvajes y los lubricitantes bailes africanos en que se manifestaban con primitivo desenfreno las pasiones, en honor y rendimiento hacia Maló, la reina de la fiesta, como dama principal en su país, reconocida por sus coterráneos.

De aquellas pequeñas bacanales salía la buena anciana espiritualmente rejuvenecida; pero en esta última visita no había habido fiesta. Sola con Galaico Castiñeira se hallaba ella en la casa, y en cierto modo considerábase superior al portero. Además de los muchos años que llevaba al servicio de la familia Unzúazu, acontecía que, en determinadas circunstancias, con intención o sin ella, a la vieja esclava y no al sirviente gallego daba la señora sus órdenes o la encomendaba entender en su cumplimiento. Aun el mismo Castiñeira veía en la anciana Maló cierta natural ascendencia en el orden servicial, y si no siempre le pedía su opinión, en cambio no hacía nada que pudiera contrariar sus deseos. Maló, pues, durante la ausencia de sus amos considerábase responsable de todo, y a todas partes renqueando se arrastraba para poner orden y armonizarlo todo según sus facultades.

Desde que entraron el desfallecido cuerpo de Federico acudió ella con toda la prontitud que le permitieron sus años, su reumatismo y su extremada gordura; y nadie con más solícito cariño hubiera atendido al magullado joven, sobre el cual derramó lágrimas de dolor al principio, creyendo que, como al señor Nudoso dos años antes, le traían muerto de una puñalada. Pero enseguida, al ver con vida a su «amito», se calmó y fue la maternal y confiada curandera de siempre, con su instintiva aversión a todas las prescripciones facultativas.

—Méddico, méddico; toitico néye ¿pa qué sive?... ¡Chuóo!...

Y a regañadientes cumplía los mandatos del médico, desesperada los dos primeros días porque no había podido aún obrar por cuenta propia. Pero al tercero, al notar la persistente tos del joven, al ver el esputo sanguinoso, decidió comenzar su campaña con la vigorosa actividad que demandaba el formidable enemigo que al fin daba la cara. Entonces fue cuando se dirigió a casa de sus amigos y paisanos, en busca de las «güiras cimarronas», bajo cuyo árbol tantos buenos ratos había pasado, reviviendo la desembarazada existencia de su patria. El médico había recetado lociones, pociones y unturas y vendajes, después de escarificar prudentemente las equimosis que presentaba el lesionado mozo, pero buen caso hacía Maló de todas aquellas «cosas de los médicos». Nada había como el «almedor de güira», y a ello se atuvo. Desde el día del suceso solo había dejado la cabecera del enfermo para ocuparse en sus medicinas, sobre todo en la confección del «almedor»; por más que Federico prefería y reclamaba a cada instante la untura, una pomada eficaz que le aliviaba inmediatamente de aquellos agudos dolores que le impedían el más leve movimiento.

La tos que al tercer día se le declarara al joven había ido por momentos arreciando al extremo de hacerle pasar una «noche de perros». Maló, a pesar de la invencible flojedad que sentía en todos sus miembros, lo que achacaba a los días que llevaba sin descanso ninguno, había estado junto al dolorido mancebo, que no cesaba de quejarse y pedirle la untura. Serían las cuatro de la madrugada cuando, después de una unción más, que agotó las fuerzas de la anciana, quedó Federico dormido y ella fue a echarse en un rincón del cuarto, sobre una frazada que tendió en el suelo, a los pies de la cama del enfermo. Este se despertó como a las seis, mortificado por los dolores que sentía en la espalda; pero se aguantó un poco, en consideración a la pobre vieja, a quien supuso descansando por allí cerca. Sin embargo, desesperado a poco por los dolores y la tos, comenzó a llamar a la anciana y a maldecir de sus hermanas Ana María y Magdalena, que no comparecían a pesar de que, según le dijeran el doctor Alvarado y el abogado Jústiz, les había escrito este último en sentido urgente, noticiándoles la ocurrencia.

—¡Mal rayo las parta!... las muy brujas... —gritaba Federico—. ¡Maló! ¡Maló!... ¡Estos dolores me matan!... ¡Maló! ¡Maldita negra!... ¡Ah, si pudiera levantarme, ya te daría yo dormir como una piedra!... ¡Aayy!... ¡Malóoo!...

La vieja no se movía. Violento como era de carácter, por su mala crianza de zangarullón consentido, y exaltada su irascibilidad por sus padecimientos a tal grado exasperóle el pesado sueño de la anciana que tuvo fuerzas para incorporarse en el lecho, dando nuevos y más descompasados gritos que obtuvieron el mismo silencio por parte de Maló, a la cual alcanza a ver echada allí mismo, a los pies de su cama.

—¡Ah, perrísima!... ¿Tan cerca y no despiertas?...

Y rugiendo de cólera, momentáneamente insensible a su dolencia lanzóse al suelo, y encimándose a la vieja que se hallaba vuelta hacia la pared, un tanto encogidas las piernas y presentándole su voluminosa redondez posterior, atizóle tres furiosos puntapiés, y más le hubiera dado a no sentir el dolor de un tremendo esguince en el dedo grueso del pie descalzo con que le pegaba. Pero ni aun así dio señales de vida la anciana, y ya buscaba con la vista el mozo un objeto cualquiera con qué golpear a la «maldita negra», cuando apareció Galaico a la puerta, atraído por las voces.

—¡A ver, ven acá, tú! —vociferóle Federico, ahogándose de rabia—; pégale de patadas a esa cachorra... a ver si despierta en la eternidad...

El portero se acercó a la vieja, agarrándola por un brazo para sacudirla; pero enseguida la soltó, retirándose de espaldas, temblando y erizado de terror mientras apenas acertaba a decir:

—¡Ah!... señorito... en efecto está muerta... y tiesa... ¡y fría más que la nieve!...

—¡Muerta!... ¿Cómo muerta?... —exclamó Federico sin saber lo que decía, porque nada en aquellos momentos podía sorprenderle tanto como la muerte de Maló, a quien había pateado creyéndola amodorrada por el sueño.

Un nuevo acceso de tos, más fuerte y penoso que los anteriores, le arrancó un escupitajo de flema sanguinolenta, que le volvió a la realidad de su estado. Y nuevamente el dolor que le destrozaba la espalda embargó sus sentidos.

—¡Anda, animal! —dijo al portero—. ¡Llama al primero que pase!... ¡Saquen eso de aquí!... ¡Oye!... ¿Sabes dónde vive el doctor Alvarado?...

—Sí, señoritu...

—Pues, corre; avisa primero a la jefatura de policía —dijo Federico, más dueño ya de su razón—; di que ha muerto de repente la negra esa; y enseguida te vas a casa del doctor Alvarado... que venga pronto. ¿Has oído?... ¡Ay! Dios mío... Me parece que no he de tardar mucho en seguir a ese diablo de vejestorio... ¡Y aquellas pirujas allá, dándose gusto en el ingenio!... Ese es su decantado amor a la familia... ¡Ay!... ¡ay!... ¡Mal rayo!...

Y se dejó caer en la cama, quedando boca abajo y con los pies apoyados en el suelo.

Aún no habían acudido los encargados de la justicia ordinaria cuando llegó el doctor Alvarado, que no había hecho más que desembarcar, de retorno de Matarife.

—¡Ah, doctor! ¡Cuánto me hacen sufrir estos dolores!... Yo le esperaba ayer...

—Sí: y hubiese venido; pero tuve que ir al campo... ¿Cómo van esos huesos?...

—¡Oh! Me duele todo...

—¿Te duele?... ¡Es curioso, después de tan soberana paliza!...

El doctor estaba siempre de buen humor, aunque muy rara vez reía. Iban a ser las diez de la mañana. El cuarto se alumbraba aún por la débil luz que desde hacía cuatro días no se apagaba.

—Ese empeño de ustedes de encerrarse por el menor accidente... Esto enrarece la atmósfera... Ya tenemos aquí cierto olorcillo... ¿Qué tal sería Maló? —concluyó diciendo a la vez que abría un postigo de la ventana.

—¡Ah! me olvidaba decírselo... Maló ha muerto esta mañana. Me duele tanto la espalda, y tanto efecto me ha hecho lo sangre que he arrojado por la boca, que no le he dicho... Sí, ahí en ese rincón se ha quedado muerta...

—¡Cómo! ¿Aquí?... ¡Ya decía yo!... ¿Desde cuándo?...

—Debió ser al amanecer. Como a las cuatro me dio la última untura esa que tanto me alivia; después me quedé dormido, y cuando a eso de las seis desperté ya estaba muerta.

—¿Y no ha dado usted parte?

—Sí, pero ya sabe usted lo que es nuestra policía...

Cuando el doctor Alvarado se hallaba frente a un caso de su profesión no tenía ideas políticas; por esto quizás no recogió con trinchantes comentarios las censuras que envolvían las últimas palabras de Federico.

Examinaba el médico las sajaduras de las ventosas, ya en cicatrización, a la vez que se fijaba en la respiración agitada del enfermo, pensando en que lo peor de todo era la alta fiebre que tenía. En esto vínole a Federico un acceso de tos.

«Malo, malo», barruntó el doctor al ver el salivazo; lo que le hizo auscultar cuidadosamente los pulmones al joven.

—Hijo mío, tú no puedes permanecer aquí solo —fue lo único que tuvo tiempo de indicar el doctor antes que, precedido del portero, entrara en la alcoba el juzgado.

El juez era el mismo que iniciara las diligencia con motivo del percance de Federico. Saludó al doctor Alvarado con afectuosa deferencia; cambiaron éste y el médico forense un apretón de manos, y empezó su oficio la justicia.

Reconocido el cadáver, dijo el facultativo que no hallaba lesión alguna en el cuerpo, y siguió explicando sus observaciones, un conjunto de vaguedades que se confirmarían o no se confirmarían en la operación de la autopsia.

Un *repórter* que tomaba datos para *El Véspero Belmirandense* ocupábase incansable en describir con minuciosa realidad artística «el lugar del suceso», presentando el luctuoso cuadro de la esclava muerta en un extremo de la habitación, y el joven amo enfermo, agonizante, en el mismo aposento, abandonado a su dolor e inconcebiblemente infortunado, no obstante sus riquezas y morar en un palacio «desierto de ventura»; todo un conjunto de miserias mundanas entre blondas y encajes damasquinos de suntuosas colgaduras, y sin que de tanta porcelana y bronce y oro como por doquier había respondiera una cariñosa voz a los lamentos del héroe desgraciado de aquel triste drama de la vida real; y engolfábase luego en largas y difusas consideraciones filosófico-morales sobre el ser y el no ser, y la felicidad terrena y el futuro destino, recogiendo escrupulosamente los motes científicos, sobre todo el «decúbito cuasi supino» y el estado de «putrefacción incipiente» en que se hallaba el interfecto, y cerrando con la precisa relación nominal de todos y cada uno de los dignos funcionarios que acudieron desde el primer momento. Y satisfecho de su labor salió con toda la comitiva judicial, detrás del cuerpo muerto conducido por los mozos de la ambulancia.

El doctor Alvarado recetó a Federico unas cucharadas en lugar de las que anteriormente indicara, y repitiéndole la necesidad en que se hallaba de tener alguna persona que cuidara de él, salió prometiéndole volver por la noche.

Cuando quedó Federico solo con sus dolores recordó a sus amigos del Club de los Monteros. Ninguno había ido a saber cómo seguía; bien que no ignorase ninguno el contratiempo que sufriera, siendo así que había ocurrido en presencia de algunos de sus compañeros. Pensaba en esto con dolor; pero lo que verdaderamente le indignaba era la ausencia y el silencio de sus hermanas. Asistido del portero habíase trasladado a otro aposento, porque le horrorizaba el recuerdo de la infeliz esclava, muerta allí mismo, a sus pies, solo hacía unas cuantas horas; y esperaba a que llegase el doctor, según le había ofrecido, para que le dirigiese un telegrama a su hermana Ana María, exponiéndole detalladamente la situación. Pero esto no fue necesario. En el tren de la tarde llegó a Belmiranda el mayordomo del ingenio, encargado por la viuda para avistarse con el abogado Jústiz, a quien llevaba contestación de su carta, con tanto retraso recibida, suplicándole además que hiciese lo que fuera preciso a fin de trasladar a Federico a la finca, lo que haría don Gumersindo si a ello no se oponían los consejos del médico.

Así se hizo todo. Lejos de oponerse al traslado, el médico lo estimó imprescindible, ya que las hermanas del joven no podían venir a la ciudad por entonces. El abogado hizo mover convenientemente los resortes de la ley, y al día siguiente se hallaron reunidos en la casa de vivienda del ingenio los tres hermanos; Federico y Magdalena en inminente peligro de la vida, y Ana María dada a todos los diablos por la serie de infortunios que, cayendo sobre todos, rebotaban en ella haciéndola indefensa víctima de su familia.

V

Siguiendo las indicaciones de don Gumersindo mientras éste se hallaba en Belmiranda la noche anterior, habíase presentado Isabel en la casa de vivienda; y con tal reiteración brindóse a la señora, y tanto empeño puso en demostrar que su ofrecimiento no acusaba sacrificio alguno, despojándolo de toda importancia, que llegó a afirmar que nada valía todo ello, puesto que terminada la resiembra, quedábanle a Nicasio más de tres meses de holganza antes de comenzar sus trabajos de capataz; lo que le dejaba espacio sobrado para atender la taberna, cuya marcha, por otra parte, naturalmente languidecía en el «tiempo muerto». Ana María, pues, había aceptado aquellos servicios tan desinteresadamente ofrecidos por la joven campesina, destinándole una habitación en la casa, el tercer cuarto, que estaba inmediato al de Malenita. El primero de la banda opuesta lo ocupaba Federico, y como la viuda conservaba el primero de la derecha, resultaban así todos cercanos sin que se comunicasen los enfermos, y permitiendo la más activa y eficaz asistencia.

Nicasio estaba muy contento del giro que tomaban las cosas; porque la intimidad que ganaría su mujer en la familia de los amos le abriría indudablemente un nuevo y despejado horizonte hacia el cual avanzaría sin mayor esfuerzo, una vez que el mayordomo encargado les dispensaba su protección. ¿Por qué no habría de ser él con el tiempo un colono de la finca? Tendría una por su cuenta. La explotación de que al presente era objeto por parte de aquellos jefes de cuadrillas jornaleras, terminaría siendo él a su tiempo jefe y explotador de aquellos grupos de trabajadores que echaban los bofes por 3 pesetas diarias mal pagadas. Y sería ¿por qué no? bastante rico para comprar una hacienda, la hacienda que soñaba para vivir en paz, sin protectores ni dependencias que daban pábulo a las malas lenguas de los envidiosos para desacreditar a su inteligente mujercita.

Isabel por su parte se había propuesto desempeñar a conciencia su papel, sacándole todo el partido a su alcance, ya que su protector le había advertido que de su comportamiento en la oportunidad que le proporcionaba dependía en mucho el porvenir de todos. De ahí que multiplicara su actividad, logrando desde los primeros días ganarse la confianza de Ana María cuya indolente condición la colocaba siempre a merced de cuantos le evitaban cualquiera clase de trabajo. El mismo doctor Alvarado se había mostrado tan complacido que, refiriéndose a Isabel y a don Gumersindo, llegó hasta decir a la viuda que era una verdadera fortuna el tener a su servicio personas de tan ventajosas aptitudes y de fidelidad tan notoria; elogio que de modo tal inclinó el ánimo de Ana María en favor de sus auxiliares, que virtualmente les entregó el dominio de la casa. Y don Gumersindo fuera y la mujer de Nicasio dentro, lo dirigían todo según su conveniencia, bien que procurando no despertar el recelo en la altiva viuda de Nudoso.

Mediaba la sexta semana trascurrida desde la instalación de Federico en el campo. Ya bastante fuerte, aunque lastimosamente demacrado, paseaba todas las mañanas su faz pálido-terrosa por el batey y por el parque, y aun algunas tardes, cuando se hallaba en buen ánimo, extendíase un tanto por las guardarrayas que dividían los exuberantes cuadros de caña, hasta algún lindero desde el cual, reposando un rato en la casilla del guarda candela, volvíase a la casa antes de ocultarse el Sol. Ya el doctor le había autorizado para cabalgar un par de horas al día, si así lo deseaba; y ya más de una vez llevaba recorridas las vecinas sitierías en la jaca moroempedrada que el obsequioso mayordomo había puesto a su disposición —un famoso animal de marcha cómoda y tendida, tan dócil a la rienda y de tan firme y sostenido paso que excitaba la envidia en las guajiritas de toda la comarca.

Magdalena avanzaba más rápidamente en la restauración de su salud; solo que al hablar, cuando por acaso lo hacía, expresábase vagamente, como si la enfermedad le hubiese debilitado el cerebro. Pero casi por completo restablecida en lo físico, la belleza que ahora renacía en ella superaba en mucho a la que antes fuera la admiración de todos en los más selectos círculos de la ciudad. En la convalecencia se había acentuado su pasión por las flores, lo que a su vez estimuló el doctor Alvarado para divertir la imaginación de la delicada enferma. Por mañana y tarde visitaba el jardincito y el parque, dándose como ejercicio el cuidado de las plantas de su preferencia. Todos los días hacía un ramo, una cadena, alguna pequeña obra de flores y yerbas, con la cual se adornaba el seno, la garganta o la cabeza, y luego, volviendo a su aposento la depositaba en un vaso encima de la consola, hasta la noche, cuando la arrojaba, por la ventana para renovarla al día siguiente. Y todo sin hablar una palabra. Por lo general valíase de una indefinida sonrisa en sus contestaciones; y la explicación de aquellas sonrisas dábala el movimiento con que ocasionalmente las acompañaba. Pero si rara vez hablaba, era más raro todavía obtener de ella una negativa, un signo de desaprobación. Parecía no experimentar contrariedades de ningún género. Alguna vez habíase detenido en sus paseos, andando por un instante y con abiertos ojos la vista en Isabel, que a todas partes la seguía sin molestarla en nada sin perder uno solo de sus movimientos; hacía como si deseara interrogarle alguna cosa, pero de pronto se apagaba aquella chispa de inteligencia, pasaba aquella demostración de un resto de energía intelectual, y caía en el estado feble de un ser sin volición. Fuera de esto le sonreía cada vez que se encontraban sus miradas, y aun llegó a obsequiarla con alguna de sus caprichosas labores. Y la mujer de Nicasio, satisfecha en sus oficios, porque visiblemente adelantaba terreno, mostrábase cada día más solícita y amable con las dos hermanas.

Aquella mañana había estado Malenita más exaltada que nunca en su floromanía. Con tenacidad de enfermo había hecho, deshecho y vuelto a preparar flores y gajos hasta combinar un precioso adorno para su ancho sombrero de paja blanco de ámbar. Diéronle material para su obra los floridos ramos del naranjo y el fruto del limoncillo, entretejidos en fino bejuco y formando un largo ramo en que se hallaban con exquisito gusto distribuidos el blanco del azahar, el rojo del limoncillo y el verdinegro de las desiguales hojas de ambos árboles; y rodeando con ello la achatada copa del sombrero caíanle sobre la espalda los extremos, mientras en el frente, dispuestas en triangular pirámide, lucían sus hermosos colores una celeste pasionaria, una camelia encarnada y una azucena albina, completando algunas panochas de espartillo, doradas por el abrasante Sol de agosto, aquel capricho artístico destinado a vivir solo unas cuantas horas. Y esbelta como era, cimbrándose con majestuoso abandono, paseaba Malenita a lento paso por la enarenada calle del parque. Vestía holgado túnico blanco, de finísimo cambray, enriquecido con escogidos encajes y sujeto con graciosa negligencia al talle por una cinta azul de Brema, que del frente bajaba hasta rozar con uno de sus cabos en el borde de la falda. Al verla, pálido el semblante dulcemente grave, y abstraída en indescifrables ideologismos tan vagos quizás como sus frases débiles e inexpresivas, pensábase sin esfuerzo en alguna convencional heroína de las ficciones románticas. En sus húmedos y hermosos ojos no se traslucía un solo pensamiento concreto, pero en sus velados fulgores adivinábase el temperamento tierno, el amor ilimitado y profundo que atesoran las almas delicadas.

Así adelantaba el tiempo, restableciendo la confianza y el afecto mutuos, puesto que, en la apariencia al menos, todo se inclinaba a lo mejor. La misma Ana María, siempre tan contrariada y perseguida por los sufrimientos, entraba en una vida relativamente plácida. Ya había pasado la indecible tortura que la había llevado hasta la idea del suicidio. Cierto que ahora mismo la atormentaba el deseo de venganza que sentía contra Liberato, la delirante obsesión que por instantes arraigaba su dominio y afectaba nuevas determinaciones, que no por ser distintas entre sí eran menos encarnizadas; pero lo principal había pasado. Fue como a los veinte días de aquella noche abominable. De súbito le había ocurrido pensar en que podía haber quedado fecundada por el aborrecido esclavo. Y brotada ya la idea, parecióle sentir cierta ligera presión en el vientre, y hasta experimentó bascas y desmayos y ¡rara cosa! pensaba al mismo tiempo en el sabor que tendrían los camarones guisados con hojas de albahaca. Y después de esta absurda y deshilvanada idea, volvió a pensar en el embarazo. ¡Solo eso le faltaba! ¿Qué iba a suceder si en efecto se hallaba encinta?... ¡Ah! En esto no vaciló un momento. En el punto mismo en que tuviese la certeza de haber concebido un hijo de «aquel monstruo», concluiría todo suicidándose. Y como para tenerlo todo a mano, había visitado la enfermería, y se había hecho explicar los efectos de cada una de las sustancias venenosas que había en un armario especial. Don Gumersindo había aprovechado gozoso aquella oportunidad para lucir sus conocimientos farmacéuticos. Con lujo de detalles y con la mayor sencillez científica que le fue posible, le explicó las propiedades de los diferentes tósigos que había en el botiquín reservado, y además, cómo los medicamentos más usuales podían resultar más o menos venenosos, según la dosis o las circunstancias en que fueren administrados. Y de allí salió Ana María con su elección formulada. El cloruro de cobre, que era el más activo de todos, resolvería el conflicto, si desgraciadamente existía. Pero no había tenido necesidad de aquello. Dos días después su normalizada convicción de que el brutal asalto de Liberato no le había dejado las funestas consecuencias que antes la habían alarmado. Y ahora ya estaba segura y fuera de todo peligro. No solamente no sentía ni siquiera la menor molestia, sino que hasta el vientre le parecía que había disminuido en algo en volumen. Diríase que se le había hundido para demostrar que allí no tenía cabida el efecto de la deshonra... ¡Ah, el infame!... Nada había sabido de él, ni había querido hablar con nadie una palabra respecto de su fuga. Cuando indirectamente quiso el mayordomo referirse a la extraña desaparición del cochero, comprendió que la señora prefería no atender al requerimiento. ¿No había desaparecido también la negrita María de Jesús, llevándose a la chiquilla recién nacida? Bien lo sabía don Gumersindo. Precisamente con Liberato había él hablado del asunto para saber la opinión de la viuda; y aunque nada pudo averiguar a este respecto supo no obstante, por haberlo expresado así el esclavo, que éste deseaba que le encomendasen la persecución de la joven negra. Quizás su ama le había mandado en secreto a ver si averiguaba su paradero, y por eso respondió con evasivas la señora cuando el mayordomo quiso abordar veladamente la cuestión. «De todos modos, pensó don Gumersindo, lo que sea se sabrá»; y como Liberato ni María de Jesús estaban bajo su dominio poco le importaba, después de todo, que se fueran o se quedaran, o se los llevara el demonio.

Ana María sí pensaba en ello de continuo; pero temía comprometerse si ostensiblemente le hacía perseguir. Y la cólera que por su impotencia le invadía nublábale la razón y acababa por romper en rencoroso llanto, a la imaginación de que el esclavo pudiese escapar de su acariciada venganza. Y nuevas fuerzas le prestaba el odio que cada vez más implacable sentía contra el fugitivo criminal. ¿Dónde estaría? De seguro en alguno de los montes vecinos. Al principio pensó que la necesidad le obligaría a presentarse; cuando echase de menos la vida muelle que hasta entonces llevara; pero ya iba para dos meses y la necesidad no surtía el indicado efecto. Pues bien, se emprendería una persecución sigilosa, bien pagada, que le hiciera morder el polvo; y si al fin no se realizaba el vengativo anhelo, por lo menos moriría el culpable violentamente, llevándose al centro de la tierra, el secreto de la infamia perpetrada. Pero ¿dónde estaría?...

VI

Por la tarde hallábase vacante en la mesa el puesto de Federico. La sirvienta Gregoria dijo entonces a su señora que el joven no había vuelto desde que por la mañana saliera a caballo. Tras esta explicación llegaron Magdalena e Isabel, sentándose en sus habituales sitios; frente a frente las dos hermanas, y a un costado, entre ellas, la oficiosa guajirita. Malenita comió con el regular apetito que se le venía desarrollando. Ella y la mujer de Nicasio hicieron el honor debido a las excelentes dotes de Onofre, el cocinero, colaborador muy eficaz en el restablecimiento de la bella Magdalena. Ana María por lo general comía poco, pero esta vez comió menos aún. Gustando apenas el reconfortante jigote de gallina, preguntó a su hermana cómo había pasado el día en su paseo; y Malenita correspondió a su solicitud con la dulce sonrisa que para todos los casos tenía. Pero esta vez, a poco rato, con gran sorpresa de los comensales, sonriendo siempre, dijo con voz suave, casi un suspiro, pero que se oyó con claridad perfecta:

—Hoy no he visto a Federico.

Era la primera vez que se le oía una frase de razonable sentido, desde aquel síncope fatal después de su alumbramiento.

—Salió esta mañana a caballo —contestó Ana María—. No debe tardar en volver, sin embargo, porque ya va oscureciendo.

Magdalena guardó silencio. La viuda miraba a hurtadillas a Isabel, como si con aquellas rápidas miradas quisiera arrancarle una explicación satisfactoria; pero la joven campesina demostraba a su vez, no ya sorpresa sino asombro por la expresión de aquella media docena de palabras; porque hasta entonces nada nuevo había notado en Magdalena. Lo único que ahora recordaba era que la joven no había hecho aquel día ninguna labor floral, a excepción del ramo que compuso por la tarde: un clavel y un jazmín sobre una hoja de geranio, el cual ramo llevaba prendido en el pecho, cerca del hombro izquierdo. Después de visitar en el jardín sus plantas predilectas había estado sentada en un banco cerca del estanque, y en algunos momentos fue tal su inmovilidad que parecía petrificada, con la vista fija en un invisible objeto distante, al que a través de la tupida arboleda contemplara absorta y enviándole de vez en cuando la más encantadora de sus sonrisas. Luego se había levantado, deteniéndose al ver a Isabel en otro banco cercano; como en distintas ocasiones, pareció desear hacerle alguna pregunta, y volviéndole de pronto la espalda había tomado la dirección de la casa.

Nada más.

En vano esperaron que Malenita pronunciase una palabra. Sumergióse nuevamente en el mutismo de que por un instante saliera, y luego, con el último bocado se dirigió a su cuarto, a donde la siguió la pequeña Trina, una graciosa criollita de diez o doce años de edad, llevándole el café de que no habían logrado privarle las repetidas observaciones del médico.

A poco de comer se hallaba sentada Ana María en el corredor que daba frente al limpio y dilatado batey. Allá en el fondo alzábase el edificio de las maquinarias, recortando en el sereno espacio gris de las enervantes vesperadas de estío, su profusión de techos, sus pequeñas bocinas respiratorias y su elevada chimenea de ladrillos. Por la derecha presentaba su larga y baja pared recientemente blanqueada la antigua casa de purga, en la actualidad almacén de productos y envases, con sus numerosas ventanas embadurnadas del almagre y su zócalo de chapapote, que le daban el aspecto de un cuartel de tropa de guarnición; y a la izquierda la confusa línea que formaban con el barracón, desierto casi, las contiguas viviendas de los empleados de la finca: de un lado la casa del mayoral, que iba a dar con una esquina al pozo y de la otra parte la tienda con habitaciones interiores para sus dueños Nicasio e Isabel; luego las casas del mayordomo y del boyero, y junto a la de éste y en último término, la enfermería, con su entrada por el batey, cayendo las ventanas de los departamentos a la guardarraya principal, hacia el camino de Matarife.

Por momentos fueron apareciendo luces de una y otra parte en la línea de la izquierda, ya dibujando los huecos de puertas y ventanas, ya mostrando el rústico antepecho de los cobertizos, y uniendo sus débiles reflejos a la reverberación grasienta y mortecina de los faroles por demás escasos, diseminados fuera, que con su penumbra aumentaban la modorra del «tiempo muerto» de los ingenios de azúcar —silencio precursor del estruendo y la barahúnda constantes de las campañas de molienda.

Solo alteraban aquella inmovilidad bochornosa, las idas y venidas de los esclavos, que como sombras alargadas en diversas direcciones por el dudoso alumbrado, entraban en el barracón o salían de él con sus haces o canastos sobre la cabeza, llevando el cebo, las aves y los cerdos que por su cuenta criaban en sus respectivos corrales; o bien con sus cubos de madera u otras vasijas de lata se encaminaban hacia el pozo, surtiéndose de agua y deteniéndose un momento en el tenducho para hacer alguna pequeña provisión, recluyéndose finalmente a sus entarimados en el recinto. Fuera de esto se manifestaba la naturaleza casi enmudecida y envuelta en el sudario del día cuya muerte parecían lamentar con su displicente graznido los pavos reales de la huerta; e intervalado con el estridoro tintineo de los grillos, el chirrido mortificante de las chicharras, superado tan solo en su desabrimiento por los prolongados rebuznos de la familia asnal apacentada allí cerca, desde que el doctor Alvarado recetara a Magdalena un vaso de su jugo lácteo todas las mañanas.

Con el más completo abandono se hallaba Ana María sentada y maquinalmente meciéndose con leve impulso en un ancho balance, mirando, sin notarlo quizás, el horizonte ligeramente coloreado por los últimos resplandores del Sol, ya rato hacía hundido en occidente y delineando aún en la sombreada esfera la silueta colosal de las lomas circunvecinas. Lánguidamente reclinada en su asiento, diríase que la hastiada señora necesitaba para salir de aquel aplanamiento el triunfo de la brisa que pugnaba por abatir el ardoroso vaho de la tierra, vulcanizada por los fuegos del periodo canicular. Y en el adormecimiento crepuscular de aquellos campos solitarios, como una queja dulcemente triste, oíanse a distancia las agudas notas del tiple en que el boyero, allá en el colgadizo de su vivienda, acompañaba sus endechas de amor, cantadas con acento tierno y voz endurecida por la diaria lucha carretera.

En la mente de la viuda comenzó a germinar un cúmulo de ideas, que en tropel, en irruyente turba cruzaban por su imaginación sin otro influjo que el de las figuras de un calidoscopio en los vidrios que la reproducen. Mas luego, adquiriendo consistencia algunas, fijáronse y tomaron cuerpo, encadenándose con relativa lógica.

¿Por qué no había vuelto Federico? —pensó, finalmente—. ¿Era que andaba ya en bureo con las guajiritas?... Y recordó la última plática que había sostenido con su hermano. Teníala éste acosada con la impertinencia de arrancarle «aunque fuera 2.000 pesos» decía, para emprender en un negocio en la ciudad, y protestaba de su formal propósito de seguir en adelante «un nuevo género de vida», ahora que ya se consideraba restablecido en su salud. Aún no había recogido la señora el dinero que por su manumisión pagara en Belmiranda María de Jesús, y casi se hallaba inclinada a cederle aquella cantidad íntegra a su hermano, debilitando así en lo posible el asedio mantenido por el insaciable mozo. Esperaba, sin embargo, una coyuntura favorable, a fin de que, lejos de calmante no fuese a servirle de estímulo aquella corta suma. Y estas ideas uníanse en el fondo a otra, de atención perentoria: una tercera intimación de Galaico Castiñeira. En su primera carta pedía el portero que le sustituyeran en el servicio, pues no cesaba de soñar «con la difunta», hasta el punto de sentirla, decía, en su propio catre apenas cerraba los ojos; en la segunda comunicaba a la señora que, viendo que no le relevaban del servicio se había hecho acompañar de noche, y con él dormía «un amiju y paisanu», persona «de toda cunfianza» que se empleaba en «el acarreu de endevidos», con lo cual quería significar cultamente el portero que su amigo era cochero de punto; y la tercera misiva era ya un *ultimátum* en toda forma: declaraba lisa y llanamente que no quería estar más allí, que tenía el decidido «prospeuto» de emprender «en el cumercio de la industria cochera», y ya tenía en tratos la compra de dos coches, y terminaba dando a su ama un plazo de ocho días para resolver «el cunflito».

Ana María creyó al principio que el gallego se quedaría en el servicio de la casa una vez que pasaran algunos días y perdiera el horror que le había causado la repentina muerte de la anciana Maló; pero en éste como en otros muchos casos, equivocóse la descontenta señora, cuyo error de base consistía en creer que todo el mundo, excepto ella, tenía lo que necesitaba para ser feliz. Y discurriendo sobre lo que ahora le ocupaba, pensó en que podía utilizar el deseo de Federico de volverse a Belmiranda. Puesto que él había de habitar su cuarto en la casa de la ciudad ¿por qué no había de encargarse de guardarla teniendo los criados necesarios para su asistencia?...

VII

Ladeándose un tanto en el asiento, para introducir la voz por la ventana que le quedaba a su espalda, llamó Ana María. Y ligera, dando breves saltitos, con la natural travesura de los muchachos saludables, apareció la pequeña Trina, con su risueña faz redonda, animada por la picaresca expresión de sus ojuelos, cuyo brillo resaltaba en la semioscuridad ambiente.

—¿Qué me manda la niña? —dijo, con una corrección impropia de la servidumbre campesina.

—Ve a mi cuarto y tráeme las pastillas.

Viva como un tomeguín entre el ramaje se volvió saltando la avispada criollita, y dos minutos no pasaron sin que de nuevo se presentara con el cucurucho de bombones, entregándolo a su señora, y apartándose a respetuosa distancia, con los brazos cruzados sobre el pecho.

—Nada más —volvió a decirle Ana María, viendo que esperaba sus órdenes; y partió disparada la negrita, haciendo unas cuantas piruetas antes de sentarse en un taburete del comedor, junto a la baranda que caía al patio.

La viuda continuó en sus callados pensamientos, auxiliándolos con su habitual succión de pastillas de menta. ¿Por qué no desocupar la casa, decíase, y alquilarla, una vez que había decidido no volver en largo tiempo a Belmiranda? Muy ofendida estaba ya de toda la sociedad aquella cuando vino a colmar la medida la noticia de la muerte de Maló, publicada en *El Véspero Belmirandense* con el aditamento de los reticentes e irrespetuosos comentarios con que la exornara el insolente *repórter*. ¿No era bastante la indiferencia con que viera su alejamiento la sociedad aquella que tanto la mimara un tiempo, alimentando su creencia de ser un astro indispensable para su esplendor? Y ahora sucedía que en los tres años que casi habían trascurrido, aquella sociedad no se había detenido ni un solo segundo, como si de intento lo hiciera para demostrarle que su presencia no influía en su marcha... Si bien lo recordaba. En los primeros días de su viudez habían ido todos, muy circunspectos, a darle el pésame por la muerte de su esposo; y pasado el cumplimiento de rúbrica no había vuelto a ver a ninguno. Los que más se habían distinguido por su amistoso afecto se contentaron con enviar sus tarjetas, inquiriendo fríamente por el estado de Malenita. A esto se había reducido todo. ¿Y había de acercarse por sí misma a una sociedad que no le tributaba el homenaje que por su buen nombre, su hermosura y su riqueza creía merecer la orgullosa dama? ¡No! ¡Aún se sentía con alientos para despreciar a «tantos muertos de hambre» como, amparados por el traje, «se habían llenado la barriga» en sus espléndidas fiestas!... Sí; alquilaría la casa de la ciudad, a lo que, de fijo, no se opondrían Federico ni Magdalena, puesto que así utilizarían convenientemente el vínculo paterno; sobre todo Federico, que no tenía ya más que su porción en aquella propiedad inenajenable.

La campana de la finca dio la señal de la queda. Eran las ocho, hora en que el mayoral cerraba el barracón y se imponía el silencio a los colonos. Y siguiendo la costumbre establecida, presentóse la pequeña Trina, no tan «alebretada», porque ya el sueño iba venciéndola, pero sonriendo siempre, con sus carrillos abultados, tersos y lucientes como un globillo de goma.

—Vete a acostar —mandóle la señora; y la muchacha, dócilmente aplicando una de las frases que para los casos ordinarios le enseñara su ama, dijo, saludando:

—Que pase la niña buena noche —y se retiró a su dormitorio, en el cuarto que en compañía de Gregoria ocupaba junto al de la mujer de Nicasio.

Un momento después se detenía en la puertecilla del jardín fronterizo el mayordomo, pidiendo, su permiso a la señora.

—Pase usted, don Gumersindo —contestó indolente la viuda, incorporándose en su asiento.

Don Gumersindo iba todas las noches, de ocho a nueve, a comunicarle las ocurrencias del día. Con aquellas conferencias preparaba el mayordomo el golpe de gracia que no había dado hasta entonces, porque no era en su sentir cosa de arriesgarse y destruir en un segundo la obra que con tanto miramiento venía elaborando. Así avanzaba a paso cauteloso, pisando siempre en firme, aprovechando todas las oportunidades y acercándose constantemente a la consumación de su objetivo. Aquella noche llegaba el mayordomo poderosamente reforzado en sus esperanzas. Había recibido la confidencia de Isabel, conocía perfectamente el progreso mental operado en Magdalena, lo que con mal contenida impaciencia venía esperando, sabiendo como sabía que era asaz pasajera la vesania de la joven. Quería herir con su presencia y con sus actos la imaginación de la convaleciente en los momentos de su restablecimiento moral, convencido de que en su vida futura ejercerían notable influencia las primeras impresiones que ahora experimentase. Y armado de todas estas tretas y prevenido para todas las luchas, habíase dirigido a la casa de vivienda.

Después de las primeras palabras, todas al objeto de exponer que había pasado el día sin novedad alguna, preguntó don Gumersindo por el estado de la enferma.

—Va muy bien —repuso la señora—; me parece que su mejoría se ha señalado decididamente.

—Me alegro mucho. El doctor viene mañana ¿no es cierto?

—Sí, mañana: así me lo prometió al marcharse. Y de veras deseo que venga y vea a Malenita ahora que ha demostrado darse cuenta de su situación. Hoy ha dicho algunas palabras con entero juicio y en sus maneras se notaba cierta razonable conciencia que da muchas esperanzas.

—Y resta luego la parte final ¿no es cierto? —agregó con intención el mayordomo.

—¿La parte final?...

—Me refiero al casamiento de la señorita. El nerviosismo que le ha quedado será una amenaza de nuevos y acaso mayores males. Usted, señora, me ha dicho que la señorita no tenía galanteos en la ciudad; en más de una ocasión ha podido usted notar...

—¡Ah! ¿No oye usted?... ¡Es Magdalena!...

Estas exclamaciones las hizo la viuda empinándose en su asiento, y extendiendo un brazo hacia el mayordomo, indicándole que guardase silencio, mientras apoyada en el sostén izquierdo del balance, violentamente inclinada sobre aquel lado, prestaba la mayor atención a lo que sucedía en la sala.

La oscuridad era casi completa en el interior. Por la puerta que daba salida al comedor penetraba la tenue claridad producida por las luces que había en el patio. En la penumbra del ángulo del fondo, junto al cuarto de Federico, estaba el piano, enfundado tiempo hacía; y un breve preludio cuyas notas le eran por demás conocidas a la señora, fueron a herirla en lo más íntimo y delicado de sus nervios, haciéndola interrumpir con aquellas bruscas exclamaciones al mayordomo, que se quedó desconcertado precisamente cuando empezaba a desarrollar su estudiada tesis amorosa. Él a su vez prestó atención, sí, pero no acertó a explicarse la exaltación de la viuda. El piano continuó produciendo notas vagamente concertadas, una caprichosa escala, sin frase comprensible para el intrépido pretendiente; pero la señora permanecía en vilo, atenta y conteniendo la respiración, como si temiera que el más leve movimiento le hiciera perder el sentido de aquellas arbitrarias cifras musicales.

¿Qué tocaba Malenita? Nada. Una indefinida serie de reminiscencias clásicas, trozos de estudio, de cantos populares, notas sueltas, improvisaciones de rara combinación que eslabonaban con inexplicable lógica selectas creaciones de los grandes maestros; pero expresado libremente, sin ajuste, dejando oír a veces el mote no más de alguna idea, indicando solo el pensamiento, desmejorándolo aquí con una ruda nota discrepante, embelleciéndolo más luego con arpegiados arranques soberbiamente fantásticos, y siguiendo en todo las extrañas armonías que pudieran provenir de un delirante ensueño, al cual concurriesen con porfiada algarabía, sonrientes querubines y vestiglos amedrentadores en escenas de tierno amor que solazan el espíritu y horrorosas transiciones que enervan el sentimiento y atenebran la existencia. Sucesivamente y como trasuntos a capricho bordados por un genio que sin sospecharlo se revelase, brotaron del teclado en selección deshilvanada motivos de «La Creación» de Haydn; de «La Ifigenia» de Gluck, de «La flauta mágica» de Mozart, de la «Sonata patética» de Beethoven y del «Último pensamiento» de Weber.

Ana María, olvidada de sus bombones, habíalos dejado caer sobre la falda; ni parecía preocuparse más por la presencia del mayordomo, que aún estaba allí, suspenso, sin atreverse a sacar de su ensimismamiento a la viuda, ni comprender poco ni nada del meloplasto inacabable que ejecutaba la joven, a quien sospechó atacada de un nuevo género de locura, Ana María se había ido recostando hacia atrás en su sillón enajenada por aquellas originales variaciones que la trasportaban, siquiera fuese momentáneamente, a la época de su feliz adolescencia, cuando no aspiraba a otro amor que el de su hermana ni anhelaba otra ventura que la de agradar a los contertulios de su casa, desplegando sus facultades de apasionada *amateur*. Y sin apartar la mente del ritmo que la obsedía, evocaba los triunfos que unidas en su pasión por el arte había alcanzado en los salones, ya tocando, ya cantando a dúo, inseparables siempre y declinando, cada cual en la otra, el merecimiento de los honores que les tributaban. Y como si Magdalena hubiera escogido aquel rapto de enternecimiento de su hermana para mover el resorte más exquisitamente sensible del organismo de ésta, hizo brotar de sus dedos algo como un rondó final en que iban y volvían, en insinuante y quejumbroso murmullo, las arrobadoras frases de una preciosa romanza de «Roberto el Diablo». Meyerbeer, el incomparable maestro de la expresión musical, era el favorito de las dos hermanas. En aquellas notas suaves, poderosamente sugestivas, parecióle oír como lejanos suspiros de su juventud agostada por el rigor de sucesivos padecimientos morales, y recordó con toda exactitud la última vez que, dominada por el deseo de agradar y poseída del sentimiento que la pieza reclamaba, había cantado aquella aria en una *soirée* de familia, allá en su casa, inspirándose en su naciente pasión por Eladislao, que demostraba oírla con inteligente complacencia. Su hermana la acompañaba en el piano, y al concluir, cuando esperaba una felicitación calurosa del hombre a quien en secreto amaba, recibió tan solo un cumplido ceremonioso, frío, hasta le pareció desdeñoso; mientras para Magdalena habían sido todas las demostraciones de efusión y rendimiento... Si el amor propio herido le había hecho disculpar aquella actitud del caballero, diciéndose que ella era una mujer casada, a quien la sociedad mandaba respetar, aun haciéndola víctima de las mayores injusticias, y su hermana era una joven salida apenas del colegio, a quien la misma sociedad aquella designaba como objeto deleitoso y accesible a todos los hombres, sin exceptuar los casados. Y en estos pensamientos, aturdida por innúmeras diversas ideas sugeridas por aquellos recuerdos, obedeciendo luego y finalmente solo al momentáneo impulso que sintiera, púsose de pie, y adelantando paso a paso, con nervioso y contenido anhelo llegó hasta el sitial que ocupaba Magdalena, precisamente cuando la joven terminaba su caprichosa tocata y se levantaba del asiento abandonando el piano; pero al volverse hacia fuera tropezó de pechos con su hermana, que abriendo los brazos la estrechó con fuerza y la besó repetidas veces en los labios, humedeciéndole el rostro con su llanto.

Apenas se distinguía el sollozante grupo de las dos hermanas, ligeramente esfumado entre las sombras de sala. Magdalena había rodeado a su vez con ambos brazos el cuello de Ana María, y al igual que ella derramaba en silencio lágrimas de tierna reconciliación que acaso borrarían toda una época de sorda y despiadada contumelia.

VIII

Pasada la crisis de la exaltación, pensó Ana María en el mayordomo, y desprendiéndose de los brazos de Malenita se dirigió apresuradamente a la puerta de salida al comedor.

Don Gumersindo no estaba allí. Poco antes de que se levantara la señora para acercarse a su hermana, el mayordomo, que no acababa de comprender la simpática emoción que pudiera nacer de una música tan disparatada, que si algo sugería era el convencimiento de una recrudescencia en la insania de la joven, al verse desatendido hasta el extremo de hablar sin obtener contestación ninguna, habíase marchado en cierto modo corrido y dándose al infierno por su mala fortuna: y si no estimó como una ofensa tan manifiesto desaire, fue porque allá en sus interioridades tenía por «tocados del cerebro» a todos los de aquella familia.

Ana María volvió a donde estaba su hermana, y abrazándola de nuevo y besándola con desusado afecto, le dijo:

—Te sientes bien ¿no es verdad? Ya estás buena, completamente buena...

—Sí —respondió con su voz arrulladora la joven—; me hallo bien, aunque muy triste...

—Bien se comprende; pero es preciso vencer esa tristeza... ¿Quieres que nos sentemos un rato en el corredor?... ¿o prefieres recogerte?...

—Sí, prefiero recogerme...

Ana María rodeó con un brazo la cintura a su hermana, y ambas se dirigieron hacia adentro.

A poco salió la viuda y ordenó a Gregoria que cerrase las puertas, encendiera un mechero del farol de sala y se retirase a dormir. El reloj comenzó a dar pausadamente las diez.

—Niño Federico no ha venío tuabía... —hizo notar la sierva a su señora.

—Probablemente ya no vendrá —repuso ésta—; le habrá anochecido en algún sitio y no le habrán dejado serenarse. Cierra bien y deja el farol a media luz.

Entró la viuda en su aposento, cerró la puerta, cruzó y aseguró la aldaba que había hecho colocar últimamente, y se fue a sentar a la cabecera de la cama de Malenita, que ya se había acostado. Impelíala un invencible deseo de tener alguna explicación con su hermana. Miróla con fijeza, como si la interrogase con la vista. En la pupila de Magdalena brillaba inequívoca expresión de inteligencia.

—¿Por qué tocaste así esta noche?... Hace rato que pienso en ello.

Magdalena hizo un movimiento de labios y hombros que ilustró después con estas palabras:

—No lo sé; me hallaba triste, muy triste. He llorado mucho. Llorando me senté al piano y toqué sin ningún propósito. Y ni aún entonces dejé de llorar...

Nuevamente derramaba lágrimas la joven. Ana María, enternecida por el sufrimiento de su hermana, esforzóse en consolarla, procurando al mismo tiempo sondear su pensamiento.

—No creas que me hace daño —dijo Malenita, contestando a las observaciones de la viuda—; el llanto me alivia grandemente. ¡Tengo el corazón tan oprimido!... Tus caricias me han hecho mucho bien. ¡Oh, sí! Las deseaba con indecible anhelo; creía que tal vez me guardarías rencor por aquella violencia mía... Pero veo que no, y eso me llena de alegría. ¡Si tú supieras!...

La joven, excitada por aquellos recuerdos tan queridos como dolorosos, se incorporó sobre el brazo derecho, y atrayendo hacia sí con el izquierdo a la viuda, quedaron los rostros de ambas enfrentados y tan cerca que se confundían sus alientos. Magdalena continuaba hablando, suplicante, feliz y temblorosa a un tiempo llorando a hilo corrido y poniendo entera su alma en aquellas manifestaciones, de las cuales hacía depender su futura existencia. Y continuó con ansiedad:

—No supe lo que hacía. Estaba loca porque no me dejabas abrazar a mi hijo... Dime ¿dónde está?... Hace tiempo que le busco en silencio... lo he registrado todo, todo... ¡Oh, Dios mío!... ¿Ves? Tú también lloras... tú también sufres... ¿Por qué no me dices dónde está?...

Ana María hizo un movimiento para separarse, pero aunque la presión que en el brazo le hacía Malenita era muy suave, resultó tan firme como una grapa de bronce. La viuda que, como nunca, estaba conmovida, experimentó cierto malestar receloso al sentirse de aquel modo sujeta por su hermana.

Esta, viendo que Ana María nada contestaba a sus ruegos, excitóse más aún, palideció de una manera alarmante, y su voz perdió aquella dulzura que antes le imprimiera el tormento esperanzado.

—¡Ah! —prorrumpió, irguiéndose apoyada en el hombro de la dama—. ¿Por qué no me respondes?... Te pregunto por mi hija... ¿Es que ha muerto?... ¿Me la has matado acaso?...

—No, no, tu hija no ha muerto, sosiégate —dijo con precipitación la viuda, encogiendo las espaldas a fin de atenuar el dolor que le causaba la presión de los dedos de Malenita, la cual repetía:

—Pero ¿dónde está?... ¡dime!... ¿dónde está...

—No te lo diré mientras no seas razonable. El médico ha prohibido terminantemente que hables de esto por ahora. Has estado muy enferma. Ten confianza en mí. Tu hija vive.

Sé que la atiende su padre. Pero no te conviene hablar de esto ahora. Suéltame, que me haces daño; acuéstate y descansa. Te prometo decirte mañana todo lo que ha sucedido...

—¡Oh! ¡Qué cruel serías si me engañases! —exclamó la enferma, dejándose caer en el lecho; y hundiendo el rostro en la almohada sofocó en ella los profundos sollozos en que rompió su pena.

Ana María se puso de pie en cuanto se vio libre de las manos de la joven, y abrigándola con las ropas de la cama, bajándose hacia ella díjole, casi al oído:

—No te desesperes, Malenita; confía en mí, que no soy tan mala como me supones...

Magdalena permaneció inmóvil y llorando en silencio. Ana María se retiró despacio a su dormitorio, acostándose presa del mayor abatimiento. En la habitación que ocupaba la mujer de Nicasio no había luz, pero Isabel había estado en vela. Pegada a la puerta mal cerrada que la comunicaba con el cuarto de Magdalena, había estado en acecho, escuchando todo lo que a solas hablaron las dos hermanas. Tal hacía siempre que podía, y procuraba poder siempre.

Rebelde se mostraba el sueño con la viuda. Movíase y removíase en su ancha cama, revistando mentalmente sus desdichas, enumerándolas desde el día de su casamiento y por la millonésima vez se torturó el cerebro, acusándose y acusando a todo el mundo de sus propias adversidades. Sin embargo, por primera vez pensó sin odio en los amores de Magdalena y Eladislao; y por primera vez también llevó la intervención de Dios a sus angustias. «Sí; había un Ser Todopoderoso que disponía los actos de la vida humana para su mayor gloria y beneficio universal»... Allá en el fondo, sin embargo, no acertaba a determinar qué clase de beneficio alcanzaría la humanidad con que Malenita y no ella fuese la amante de Eladislao Gonzaga.

«Sí, Dios lo disponía todo; sin duda había dispuesto aquello... Pero... ¿y lo otro?... ¿el atentado infame de Liberato?... ¡No, no! ¡Dios no podía haber dispuesto semejante cosa!... Eso debía ser obra del Diablo»... Y se embrollaba la desdichada viuda en su indefinible concepción de un Dios cuyo todo poderío, contrarrestado siempre, resultaba en no pocas ocasiones sojuzgado por la voluntad del Demonio. Y continuaba imaginando: «¡Ah! si pluguiese a... ¿a quién?»... Buscaba una suprema influencia bastante abonada para sujetar al Genio del Mal, a fin de que el Bondadoso Hacedor tuviera el tiempo necesario para enderezar el destino de Malenita «en favorecimiento del buen nombre de la familia».

Mucho tardó en quedarse dormida la señora y su sueño fue muy agitado; una constante pesadilla que la hizo despertar sobresaltada varias veces, creyéndose ora amenazada por su hermana, que la perseguía tomando distintas y monstruosas formas, reclamándole su hija y colmándola de injurias; bien era Federico, que se apoderaba de todo su dinero y, convertido en raro animal rapiñante, volaba remontándose a las mayores alturas, lanzando al fuego del Sol las monedas de oro y plata que le robara, fundiéndose en el aire toda su riqueza y cayendo al suelo en una lluvia de sudor y sangre de esclavos, materia putrescible cuya fetidez envenenaba la atmósfera; más luego era Liberato, el aborrecido Liberato, que asomaba la cabeza por la puerta aquella, no obstante hallarse bien cerrada, asegurada por los hierros que ahora tenía, y con siniestra risa mofábase cruel y estúpidamente de ella porque estaba encinta y ya no tenía donde meter el vientre descomunalmente agrandado, cual si contuviera el feto de un mastodonte; y cuando en la desvanecida sombra del cochero veía dibujarse una silueta que tomando luego formas perceptibles representábale a don Gumersindo, consolábase a la idea de que el mayordomo se casaría con Magdalena, salvándola de la vergüenza social que tanto ella temía; pero el mayordomo, después de mirarla un buen espacio reíase desaforadamente, y tapándose la nariz le señalaba hacia el montón de escoria putrefacta a que había quedado reducida toda su envidiada opulencia, y volviéndole finalmente la espalda, dejábala abandonada al escarnio de la muchedumbre que apenas se daba la molestia de apartarla con el pie.

Y despertaba entumecida, horrorizada; para adormecerse a poco y volver a despertar desfallecida, con el cerebro congestionado, que le golpeaba el cráneo como quisiera salirse, y dilatadas las vísceras dificultábanle la respiración casi produciéndole la asfixia.

Rayana estaba el alba cuando, aquietados los nervios, se quedó al fin rendida en un sueño reparador; hasta que las campanadas que marcaban la hora de almorzar de los empleados despertáronla sosegadamente.

Eran las nueve. Tuvo que hacer algún esfuerzo para levantarse. El aire que recibió al abrir la ventana que daba al jardín, por la cual penetró el Sol inundando de luz el aposento, disipó en gran parte la modurria que le produjera el insomnio. Y cuando al salir al comedor supo que había llegado el doctor Alvarado y que se hallaba en el parque con Malenita, apresuróse a tomar el café que le sirviera la pequeña Trina y en seguimiento de ellos dirijióse a la huerta.

Desde la verja vio que no estaban en la calle del centro, y coligiendo desde luego que se hallarían en el ruedo del estanque, por ser éste uno de los lugares favoritos de la joven durante su convalecencia, encaminó hacia allá sus pasos.

Contento de su obra el doctor Alvarado admiraba la preciosa conquista que había hecho en su reñida campaña contra la muerte y la locura. Magdalena estaba más que nunca hermosa. Ya tenían sus mejillas el sonrosado tinte de la vida; de sus labios había desaparecido por completo aquella congestión que los amorataba afectando una plomiza mancha negra hacia los bordes; y a la nerviosa caída de las comisuras de la boca, que tan enfermizo aspecto daban a su rostro, habían sucedido graciosas líneas semicirculares, formando en cada carrillo un hoyuelo que brotaba seducción y encanto irresistibles. Sus ojos habían recobrado el fulgor inteligente de sus tiempos mejores, y su semblante todo revelaba una satisfacción íntima, inefable, una expansión vital muy semejante al relativo concepto de la felicidad humana. ¿Y cómo, si el doctor Alvarado en breves frases le había relatado la ocasional circunstancia que le había llevado a la finca, y esto fue lo suficiente para darle la clave de todo lo que deseaba saber?

¡Qué extraño cosquilleo el que sintió entonces la joven! ¡Cuán dulce emoción aquella que le impelió a interrogar directamente a su médico! Nada intentó ocultarle. Hablóle de su amor, de su infortunio, de sus esperanzas... Vivió con toda el alma su minuto de candorosa dicha.

Apesarado contemplábala el doctor, tan confiadamente elevándose en alas de su fantasía, y dándose como prospecto realizable las quimeras que le sugería su amoroso afán. Mas, tanto fue el avance en su idealismo que movió al doctor a interrumpirla. Hombre íntegro, amigo de toda la familia, sentía por Magdalena un paternal afecto; y a más de que en determinados momentos no escaseaba los acerbos reproches que a sí mismo se lanzaba por la participación indirecta que en aquellos desgraciados amores creía haber tenido, hubiérase estimado cómplice consciente en los crueles desengaños que afligirían a la joven en sus ilusiones, si él contribuyera a mantenerlas, aunque no fuese más que con su silencio. Y atemperándose en lo posible a las manifestaciones que acababa de hacerle Malenita, dijóle con cariñosa franqueza:

—Piensas en un imposible, hija mía. La sociedad no comprendería tu abnegación. Vivir por tu amor y para tu amor, nadie, ni tú misma hoy por hoy podrías privártelo, amando como amas. Un poco más allá de esto, quizás fuera posible, pero seguramente no sería honrado. Tú posees nobles sentimientos, y no querrías ocasionar la desdicha de nadie; y América que es muy buena, tan buena como tú, que lo eres mucho, sería una mujer desgraciada si su marido fuese capaz de perder su natural equilibrio... más de lo que... No te ofendas por mis palabras... Tú siempre fuiste discreta ¿por qué no has de serlo ahora? Cuando reflexiones con serenidad y analices la situación, aceptarás sin el menor esfuerzo el sacrificio que tu mismo amor te impone. Solo en este proceder hay grandeza y magnanimidad dignos de un corazón como el tuyo; solo en esto... Ahí viene tu hermana; sé prudente; luego hablaremos.

El doctor, que se hallaba de frente a la vereda por donde apareció la viuda en el placel del estanque, se levantó y fue a su encuentro saludándola afectuosamente.

—¿Qué tal van esos nervios? —interrogóle después, mirándola con profesional fijeza.

—Me siento bien, doctor; sobre todo, muy contenta de verle... ¿Cómo ha encontrado a Malenita?

—Excelentemente. Tal que hoy me despido de ustedes; pues si Federico no hace alguna tontería no me necesitará tampoco. Me ha dicho la criada que no volvió anoche...

—¡Ah! Lo que es a Fico no hay manera de hacerle entrar en camino, doctor.

A este tiempo llegaban al banco en que se había quedado sentada Magdalena. Las palabras del doctor la habían afectado bastante; pero hizo por dominarse y apareció, si no tan radiosa como poco antes, lo suficiente al menos para que su hermana la creyese completamente restablecida.

IX

A don Gumersindo no se le apartaba del magín el desaire de que fuera objeto la noche anterior por parte de la viuda; y más que todo preocupábale la idea de llegar a desentenderse de la incorrección aquella sin que por ello pareciese insensible a las injurias recibidas. En eso estaba cuando entró precipitadamente en su cuarto la mujer de Nicasio.

Por la cocina de la tienda había una puerta que simulaba estar condenada por ambos lados; pero en realidad era practicable en secreto para el mayordomo y la joven campesina. Cada cual de ellos tenía una llave que le permitía comunicarse reservadamente siempre que le venía en gana. Y como Isabel tenía mucho que decirle aquella vez, no quiso o no pudo aguardar a la noche, como era lo acostumbrado y se le apareció en pleno día, sin precaución de ninguna especie y con no muy sosegado talante.

El mayordomo entendió que algo grave ocurría, y le interrogó esperando relacionar lo que le dijese su amiga con lo que toda la mañana le traía pensativo, cuando, dejándole absorto, montó la guajirita en cólera y le llenó de improperios.

Pero a todas estas; ¿por qué?

—¡Ah, so mal agradesío! —le decía la tímida gacela—. ¿Qué se ha figurao usté? ¿Soy yo arguna arcagüeta suya ni de naiden? Usté me dijo que lo que quería era sel aministradol de veldá y ganal más dinero y colocal a ese otro («*Ese otro*» *era su marido*.) bien colocao y cumplil al fin tantas mentiras como me ha venío disiendo dende que tuve la cochina esgracia de conoserlo; y resurta ahora que lo que usté quiere es dir y casalse con esa donsella de clavo pasao, que es señorita no más que polque es rica, y usté lo que busca es su dinero aunque tenga que tapal los abujeros abieltos pol quién sabe quién...

—Pero ¿qué mala víbora te ha picado esta mañana, desgraciada?... Pareces un rehilete...

—¡Yo no soy reguilete; más lo será usté! Ni me ha picao naitiquitica, sino que yo no soy ninguna aguantona; y si usté se figura que va a seguil con sus sinvelgüenserías, mire que se equivoca, polque voy y me planto en la casa de vivienda y se lo cuento toitiquitico a la señora...

—¡Mira! tengamos la cosa en paz, que no estoy para sufrirte más inconsecuencias...

—Yo no tengo naitica que miral; lo que yo quisiera es sel un hombre en este momento, pa que viera usté, so...

Dos golpecitos dados en la puerta de la sala cortaron la enfática palabra a la joven montuna. Y ya era tiempo, pues el mayordomo se iba cansando de la homilía y estaba en punto de acabar la cosa a moquetazos. Ni habría sido la primera vez que semejante fin tuvieran escenas parecidas, entre el mayordomo protector y la protegida tendera. Por mucho menos había habido otras veces bofetadas, arañazos y caricias, concluyendo con formales protestas de no pegarse más en adelante. Solo que un incidente cualquiera venía en otra ocasión a excitar el temperamento de avispa de la joven, y volvían a las andadas. En más de un caso de estos había comparado Isabel la conducta de sus dos hombres. Nicasio, su marido, no le había pegado nunca; ni siquiera habían tenido una disputa jamás. Ella le insultaba cada vez que «se le subía a la mollera lo que tenía de Canarias», y él reconocía bonachonamente que su mujercita tenía razón en reñirle, y confesaba que era aquello «cosa de la sangre», que él no podía remediarlo, porque «era un hombre así». Mientras don Gumersindo, su barragán protector... ¡qué diferencia! Cuando ella se propasaba, llevada de su natural desbocado e insolente, se le acercaba él, le daba un bofetón entre fuerte y flojo, que le hiciera saltar no más la sangre de los labios, amén de alguna que otra vez que la agarraba por el moño, golpeándole la cabeza y la espalda contra la pared, y esto en su misma casa a menudo, cuando a Belmiranda iba de mercader el bueno de Nicasio. Después ella jeremiaba un poco, lloraba un mucho, él se arrepentía de haberle pegado, le pedía perdón, la besaba, la abrazaba; convenía ella en que no debía decirle aquellas cosas que le decía, y firmaban deleitosamente la paz, jurándose conservarla a todo trance. Y, pesarosa de abandonar el calor de su amante, quedaba Isabel triste, porque entre ellos interpuesto hallábase Nicasio, «aquel posma insufrible», contra el cual desfogaba luego sus iras, recordando el placer gozado clandestinamente y forjándose la idea de que éste sería eterno sin la malhadada existencia de su marido.

No era que Isabel amase a don Gumersindo. Nada menos que eso. Llevábale hacia él cierta simpatía que no sintiera jamás por Nicasio, cierto, pero todo radicaba en la superior posición del mayordomo. Isabel era ambiciosa. Alucinábale el brillo de las alturas sociales, dominaban sus sentidos las materiales ventajas del dinero. Como era inteligente, conocía su general incultura, y aunque había hecho cuanto le fue posible por vencerla, no logró pasar de la más rudimentaria instrucción, adquirida con el mismo don Gumersindo cuando, recién casada ella, dábale el mayordomo cada noche lec-

ciones de lectura y escritura, terminando por burlar entre el
maestro y la discípula al confiado consorte.

Nicasio, por su parte, no parecía sospechar ni remotamen-
te la infidelidad de su mujercita, ni se daba la menor cuenta del incomparable desdén con que le trataba ella. Veía en
Isabel una criatura superior, y acataba sumiso, con placer y
con orgullo sus más desatinados caprichos de rústica tirana.
Estimábase por muy dichoso en haber sido preferido por Isa-
belita, cuando tras ella corrían desatalentados «los muchachos más bragaos del paltío», bien que su esposa recordara
con íntimo desconsuelo al galán aquel, segundo maestro de
azúcar, que después de «echalla al mundo» se marchó al cesar la zafra, prometiéndola volver a casarse con ella, enga-
ñándola miserablemente y obligándola a tomar por marido
al que más despreciaba de todos los guajiritos que la preten-
dían; pero al fin Nicasio era el que mejor parecía avenirse a
cargar con ella, después de la penosa enfermedad que le pro-
dujeron los abortivos que en sazón tomara para destruir las
más notorias consecuencias de su caída. Pero si la práctica
Isabel aceptó el sacrificio de tener un marido como Nicasio,
desde el primer día «le puso la ley». Ella fue «el amo» en
todo y para todo, y únicamente al cabo de algunos meses de
casados le permitió acercársele, como una condescendencia
especial que no debía prodigarse. Y no marido tuvo en el
mancebo, sino animado comodín que a su sabor utilizaba sin
la consideración más insignificante. Ella le colocó de guarda
candela en la finca; ella le consiguió más luego la capatacía
de una cuadrilla de trabajadores cuyo oculto contratista era
el mismo don Gumersindo, mayordomo contratante del ingenio; ella obtuvo protección para establecerle en la taberna del
ingenio, y ella, en fin, estaba en vísperas de hacerle colono,
contratista y propietario, ante cuya perspectiva se exaltaba

más y más la admiración que por su inteligente mujercita sentía el buen Nicasio Gutiérrez.

Pero no porque Isabel no amase a su protector había de ser su «tapa», como ella decía. No, eso no; y decidida estaba a vengarse del mayordomo por el engaño de que la había hecho víctima, engatusándola con la treta de que «se proponía estar bien con la viuda y con su hermana, para llegar a ser administrador coasociado, y hacerse rico y procurarle a ella una fortunita». Todo lo que había ido averiguando en la casa de vivienda la había puesto en el hito y... no, no; ella no era ninguna «sanguangajo» para esperar a que el otro se casara, y una vez dueño de todo no se ocupara en cumplirle lo ofrecido...

Así como oyó Isabel que llamaban a la puerta de la sala, echó a correr hacia el fondo de la casa y desapareció por la puerta reservada.

—Adelante —dijo entonces don Gumersindo, saliendo al saloncito del frente.

No pequeña sorpresa fue la del mayordomo, al encontrarse de frente con Nicasio.

—¿Qué ocurre? —preguntóle un tanto desconfiado.

—El gualdiero de los ajoños ha traío esta calta, que dise que se la dieron en el camino de los sitios, y que es uljente...

Ya más aquietado el ánimo dijo don Gumersindo después de haber leído el sobrescrito:

—Pero esto no es para mí. ¿Por qué no se la lleva usted a la señora?... ¿No dijo el guardiero quién se la entregó?

—No señol; ya sabe usté lo bruto que es ese negro Santiago.

—Pues llévesela a doña Ana María, que para ella es.

Mas cuando ya iba saliendo el marido de Isabel lo hizo volver don Gumersindo, diciéndole:

—Mire, démela acá; yo se la entregaré.

El mayordomo examinó la letra, pero fue en vano; no pudo conocer al escritor. Por la pésima clase de tinta color violeta y por la imperfección de los rasgos y finales del sobrescrito, podía sospecharse que la carta había sido redactada en alguna mala oficina por el peor oficinista y la cubierta rugosa y mugrienta indicaba haber estado guardada en el seno de la camisa o en la copa del sombrero del portador... ¿De quién sería aquella carta de exterioridad tan indecente?... ¡Vaya usted a saberlo!... De todos modos su conducción le ofrecía la oportunidad para acercarse cuanto antes a la viuda e investigar por sí mismo la situación, ya que por la irascibilidad de su interesada confidente le había sido imposible obtener noticia alguna aquel día. Y así pensado llegó a la casa de vivienda, encaminándose después a la huerta, donde aun se hallaban las dos hermanas acompañadas del doctor Alvarado.

En la calle del centro les encontró volviendo a la casa. Era la primera vez que don Gumersindo veía a Magdalena después del restablecimiento cerebral de la joven, y se propuso espiarla en todos sus movimientos. Saludó a todos en general, interrogó a Malenita en particular por su salud, y entregando a la viuda la carta que llevaba, entabló conversación con el doctor; y éste, que había tomado atención al mayordomo farmacéutico, respondió con interés a sus palabras, a medida que despacio íbanse encaminando hacia la verja.

—¿Qué es esto? —inquirió Ana María, mirando por uno y otro lado aquel sobre tan sucio.

—Acaba de entregármela Nicasio. Dice que se la dio el viejo Santiago mandinga, el negro que está de guardián en el cuartón de los añojos.

La señora se decidió a romper el sobre. Don Gumersindo reasumió su plática con el doctor, a cuyo lado caminaba

Malenita sin decir más palabra una vez que hubo contestado con su acostumbrada amabilidad a las atentas frases del empleado.

—¡Don Gumersindo! —dijo llamando la viuda, que se había retrasado en el andar mientras leía—. ¿Quién trajo la carta ésta?

—Santiago, el negro viejo del potrero, se la dio a Nicasio.

—Pues hay que averiguar quién se la ha dado a Santiago. Yo no estoy dispuesta a dejarme robar de esta manera. ¿Qué le parece, doctor? El papel ese es de Federico, que dice que se encuentra en poder de una gavilla de malhechores, y que exigen 5.000 pesos para soltarlo...

El asombro de todos fue imponderable.

—¡Cómo! —exclamó el doctor—. ¡Eso es un secuestro!... ¡Lo único que le faltaba a nuestro país!...

—Lea, don Gumersindo, lea, para que se enteren todos de esa infamia.

El mayordomo leyó:

«Nanía, mi querida hermana: Me hallo en la más terrible situación. Me tiene detenido en medio de este monte para mí desconocido, un grupo de gente, cuyo jefe me exige 5.000 pesos en oro para dejarme en libertad, amenazándome con la muerte si no se les satisface esa cantidad antes de pasado mañana al anochecer. El dinero ha de ser dejado en un saco bien atado, debajo de la ceiba grande del potrero del pasto, antes de las seis de la tarde de pasado mañana alejándose enseguida el que lo lleve. Calcula mi estado y sálvame de este duro trance, que te lo agradecerá tu infortunado hermano, *Federico*.»

—Ni más ni menos que si estuviéramos al pie de las sierras meridionales de España —dijo el doctor, en acabando el mayordomo la lectura de la carta.

—¿Y ésta es la letra de don Federico? —preguntó el empleado. A lo que, acercándose, respondió Malenita diciéndole que sí, y cogiendo la carta leyóla de vista, pasándola después al doctor Alvarado.

—¡Bandidos! ¡bandidos!... ¿A dónde iríamos a parar si fuésemos a hacer caso de semejantes exigencias? —exclamó irritada la viuda—. ¿Así como así se le roban a uno 5.000 pesos?... Ya se los dará la guardia civil, sin recibo ninguno... Vaya usted, don Gumersindo, vaya enseguida y déle parte al jefe del puesto...

—Yo creo que convendría más no precipitarse —interpuso el doctor, que acababa de leer a su vez la carta—. Dice Federico que le tienen en uno de, esos montes ¿pero cuál? Malhechores que toman estas precauciones que la carta señala deben haber tomado algunas otras más, y bien podría suceder que al verse perseguidos cumplieran la amenaza que han hecho a su prisionero... Eso debe pensarse... Diga usted, don Gumersindo. ¿Habían cometido antes de ahora alguna fechoría por el estilo esos bandoleros?

—¿Bandoleros? ¡Si me tiene esto sin saber qué pensar! Es lo primero que he oído de semejante partida de malhechores. Ha habido siempre negros cimarrones que se roban los puercos y las viandas de aquí o de allí hasta que la guardia civil los coge, o los destrozan los perros; ¡pero esto, en verdad, me ha dejado estupefacto!... No niego la cordura de las observaciones que usted ha hecho, doctor; mas ¿cómo tolerar eso? ¿Es posible que hayamos de someternos a las imposiciones del bandidaje?...

—¡No, no! —exclamó la viuda sin poder contener la cólera que le impulsaba—. ¡Eso nunca! ¡Jamás!

Acentuábase en Ana María el egoísmo cada vez más innoble y desmañado. De parsimoniosa que era en sus tiempos de mayor ostentación, íbase a largo plazo entrando en la esfera de la tacañería. Ya había descendido hasta la despensa, hasta la cocina; había limitado las luces de la finca; conservaba reducida la servidumbre, y aunque a cada instante notaba la falta de una costurera, no se había decidido aún a llevar ninguna al ingenio, porque «no le parecía prudente» agregar una partida más a los gastos mensuales. Siempre le había costado trabajo a Federico extraerle un billetico de 10 pesos. En los más formales asedios había propuesto alguna vez la señora como transacción, uno de a 50. Por aquellos días, en un arranque de inusitado desprendimiento, había pensado en ceder al destornillado joven los 200 y pico de pesos de la manumisión de María de Jesús, que aún se hallaban en poder de su abogado, según sus instrucciones; ¿pero lo que era aquellos 5.000 pesos?... «¡No faltaba más!... ¿Habría de arruinar a su hija?»... Y aquella hija a quien completamente olvidara desde que la metió en el colegio, servíale ahora para escudarse contra tan inesperado ataque. Ni por un momento se le ocurrió pensar en el peligro que corría su hermano. En los bandidos sí pensaba, y estimaba que debía castigárseles severamente, a fin de no envalentonarlos en aquel sistema de saqueo en grande escala.

Y continuaba protestando:

—¡Ladrones!... ¡Eso nunca! ¡nunca!...

Todavía se hallaban en la enarenada avenida del parque. Habíanse detenido, formando entre los cuatro un grupo, de pie, discutiendo la alarmante fase que afectaba el bandolerismo en Cuba. El doctor hizo notar que, allá por las primeras décadas del siglo, había en las vecinas cumbres de Belmiranda algunas partidas de bandoleros que burlando casi siempre la vigilancia y la persecución de los terribles capitanes de presa, plagiaban niños de corta edad, en especial de la raza de color. Aquella Cueva de los milagros, tan concurrida ahora por la juventud parrandera, había servido en muchas ocasiones para ocultar a los niños robados, hasta que, trasladados a los opuestos confines de la isla, eran vendidos como esclavos en las fincas rurales. Pero ahora reaparecía con mayores alientos aquel infame tráfico.

El hecho era criminal, execrable; en esto convenía desde luego el doctor, pero todo ello no aminoraba el riesgo que en poder de aquellos desalmados corría Federico. Y así lo manifestó a tiempo que, llegando al grupo la negrita Trina, avisaba que el cocinero esperaba la orden de la señora para servir el almuerzo.

Entonces Magdalena habló. Bañado el rostro por aquella ingenua sonrisa que exhibía sus nobles sentimientos, dijo:

—Yo creo con el doctor que la intervención de la justicia debe ser cosa secundaria en este asunto. Lo primero es sacar a Fico del peligro en que se halla. De todos modos, yo pensaba hacerle un regalo... ¡Pobre Fico!...

Por las mejillas de la joven rodaron dos gruesas lágrimas. Ana María se mordió los labios, y volviéndose, acaso para que no se le viera pintado en el rostro el despecho que le envenenaba el pensamiento.

—Que sirvan el almuerzo —dijo agriamente a la negrita.

Con lo cual se pusieron todos en camino de la casa.

X

Al propio doctor Alvarado encomendó Malenita el cambio de una letra que por valor de 6.000 pesos oro firmó contra su banquero; y suplicóle además la remisión del dinero por el expreso, en el tren de la mañana siguiente. Y salvada la primera parte del embrollo, pensaba Malenita en que su pobre hermano se hallaba enfermo, y acaso le fuera de fatales consecuencias el secuestro que sufría. Parecíanle una eternidad las horas que aún faltaban del plazo dado por los bandidos, y experimentaba cierta ansiedad recorriendo con la vista las montañas que por sus lados sur, este y oeste servían de umbroso marco a los terrenos de la finca; y una y otra vez se preguntaba: ¿En cuál de aquellos montes se hallaría Federico, y cómo le tratarían los forajidos que le habían secuestrado?... Pero ¿cómo habría sido aquello?... ¡Cuántas teorías imaginó, sin otro fin que el de aumentar su pena por la desgracia de su hermano!

Alternaba con aquellos pensamientos la idea sugerida por el doctor Alvarado. ¡Ah, no, no era posible! Casarse, conceder a otro hombre que no fuese Eladislao el derecho de llamarla suya, no, no, sería simplemente absurdo. El doctor hablaba como hombre de ciencia; veía en ella el «caso patológico» y se olvidaba de la sensibilidad femenina, que lo era todo en su delicado temperamento. La mujer existía, sobreponiéndose a todo, y necesitaba vivir para amar. ¡Vivir!... ¿Pero sería una verdad absoluta, concluyente, aquella sentencia del doctor?... ¡Casarse!... es decir, ejercer la materialidad grosera de la unión sexual, era lo que debía salvarla, ¿hacerla vivir?... Bien claro se lo había dicho su sabio consejero: «La naturaleza no se sustenta con ideales. Antes que animar la existencia, el amor suele extinguirla prematuramente. El sosiego de la vida conyugal y no las emociones del amor vigorizarán esos nervios que la excitación haría estallar antes de mucho»... Sí; la disyuntiva fatal: morir aniquilada por su propio organismo, o prostituir sus sentimientos desgarrándose el corazón... ¿Cómo preferir ninguno de ambos extremos? Amaba y tenía la seguridad de ser amada ¿cómo aceptar la consunción del cuerpo? ¿cómo avenirse a degradar su espíritu?... Acaso —¿quién sabe?— se engañaba el doctor en sus apreciaciones del peligro. ¿No había dicho él mismo varias veces que la Medicina era la más falible de las ciencias? ¿Por qué, pues, no podría ser éste un caso de falibilidad?... Ya sabía de su hija. La fiel María de Jesús le había cumplido su palabra de no abandonarla. ¿Cómo pensar en extrañarse para siempre de aquel tierno pedazo de su alma? ¡Extrañarse!... No le bastaba ya saber que existía la niña sana, salva y cariñosamente atendida por la joven liberta, bajo la supervisión de su padre; necesitaba verla sonriente, sentirla entre sus brazos, besar su adivinado rostro de ángel, retratarse, en fin, en sus breves rielantes pupilas, y llamarla «¡hija mía!» con toda la efusión de su maternal afecto. Era el fruto inestimable de su amor ¿quién la convencería de que debía renunciar a él? ¿No sería el colmo de la crueldad privarla de su amante y de su hija, lanzándola después en brazos de otro hombre? ¿Podía concebirse otra mayor tortura?... No. Ella no traicionaría sus propios sentimientos. Antes lo arrostraría todo. Creía tener la suficiente independencia de carácter para despreciarlo todo y vivir para su hija. ¿Su amor?... bueno; jamás se había detenido a pensar en que podía causar daño a nadie. Por el contrario, hubo instantes en que casi se consideró perjudicada. No le había dado completa forma a su pensamiento, pero allá en lo profundo de sus imaginaciones, antes que a la esposa de su amante habíase figurado a la intrusa; la legal posesora, sí, pero en ella encontraba algo de quien por sorpresa obtiene la propiedad legalizada. Y al derecho positivo de la otra oponía Malenita su derecho natural. Si «un torpe convencionalismo» reconocía el dominio aquel, acreditado por los hombres, ella tenía en cambio y con ventaja el imperio de su acción de *jure jurando*, sancionada por la voluntad mutua. Estimábase como verdadero dueño del corazón aquel que se había adueñado del suyo. Y se juzgaba firme en su razón y en su derecho. Todo lo demás era arbitrario, innoble... Pero el doctor Alvarado, tan querido por ella como respetado de todos, había hecho luz en su cerebro. Ahora reconocía su ofuscación, la falsedad de su concepto, y aún se condenaba interiormente con crudeza estoica por la animalidad de su pasión; pero esto no empequeñecía en un ápice su amor a Eladislao. No había pensado nunca en la solución humana de aquel amor que enajenaba sus sentidos; vivíalo con toda su alma, sin la menor reserva, sin exacta idea del delito ni finalidad consciente en su acendrada pasión. Y el desenlace aquel habíala sorprendido indefensa e indecisa, sin haber jamás sentido el aguijón de impúdicos anhelos ni tener entonces fuerzas para resistir la tentación de la carne despertada al deseo. Juez y delincuente a un tiempo, acusábase y se declaraba culpable; aún habría llegado hasta sacrificarse a sí propia para expiar su falta; todo, todo sería capaz de hacerlo... menos renegar de aquel amor que tan dichosa la había hecho, que ahora mismo, en medio de su agonía moral hacía de ella la más feliz de las mujeres. Y en pugna contumaz, interminable, la razón y el sentimentalismo agostaban el entendimiento, no muy robusto aún, de la bella iluminada de Eros.

Habíase quedado con fijeza mirando a las montañas que embrazaban el paisaje. Por allí, en algún escondrijo debían tener oculto a Federico... y al punto vagaba la imaginación de la joven y tornaba a ver no más que la imagen de Gonzaga noble, cariñoso, amante siempre, y como ella padeciendo las consecuencias atormentadoras de una elección desacertada. Y aturdida al fin, abrasándose de fiebre se retiró a su cuarto, dejándose caer en la cama, con la cabeza entre las manos, buscando en la presión alivio al martilleo que le destrozaba las sienes. «¿Valía la pena de vivir tan ominosa vida?»...

Como una ráfaga helada cruzó por el cerebro de Magdalena la idea del suicidio. Sintióse desfallecer; vio perfectamente una espesa nube que la envolvía dejándola aislada de la sociedad, del mundo; ya no distinguía en derredor suyo más que una inmensidad caótica, impenetrable, un denso espacio de armiño, sin otra luz que la alba niebla, ni otro signo de vitalidad que la tibia y condensada atmósfera que parecía haberlo aniquilado todo. Desamparada vivía en aquella soledad primitiva. No gozaba placer ni padecía quebranto. Luego rompió la monotonía un punto que apareció en el espacio, y fue ensanchando su esfera, irisando sus contornos, mostrándole en el centro un ser, un hombre, Eladislao por fin, que le sonreía, que la llamaba hacia sí, que la subyugaba... Y se acercaron, y se unieron, y de la comunión de sus almas brotó una chispa sublime, un ángel que sobre sus cabezas extendía las alas, de las cuáles como de un Sol radiante nacían luminosos rayos que, vivificando el ambiente, convertían en mirífico edén el nebuloso desierto.

La pobre enferma deliraba, agitándose de una manera angustiosa. Toda la tarde y gran parte de la noche la pasó en una excitación nerviosa que alarmó de nuevo a todos los de la casa. Previendo esta crisis el doctor Alvarado había dejado una fórmula a don Gumersindo; el cual la compuso y propinó enseguida que tuvo noticia de la novedad.

Ana María, observando la solicitud del mayordomo recordó las palabras que dijera éste la noche anterior, interrumpidas por la sonata de Malenita. Y aprovechando una entrada oportuna, procuró sincerarse con el empleado.

—¡Oh! No le preocupe semejante cosa, señora. Su distracción fue natural; inevitable. Lo primero siempre ha de ser lo primero, y la salud de la señorita nuestro único objetivo.

Magdalena amaneció sin fiebre ni desmayos. Según dijo, hallábase mejor y más dispuesta que nunca a salir del lecho y así lo hizo, recibiendo ella, misma al dependiente del banquero que llevó la cantidad pedida el día anterior.

Dispuesto convenientemente el rescate, don Gumersindo fue comisionado para colocarlo en el sitio prevenido; lo que hizo, cerca de las tres de la tarde, alejándose enseguida. Pero habiéndose ocultado a igual distancia pudo, con el auxilio de un anteojo de caza, ver distintamente al sujeto que, saliendo del monte, llegó a la ceiba, tomó el saquito, y se volvió, desapareciendo en el bosque.

Largo espacio todavía estuvo el mayordomo taladrando con la vista el follaje. No quería dar crédito al anteojo, y desde que viera aparecer al bandido no cesaba de interrogarse y contradecirse. ¿No era Liberato aquel que se llevaba el dinero?... Y él que había concluido por olvidarse del mulato, desde que supuso que por orden de su ama estaría... ¿Dónde podía haber estado?... A la verdad, no había pensado mucho en ello... Pero lo que ahora veía ¿qué significaba?... No, Liberato no podía ser. Esto indicaría su alzamiento, y en tal caso la viuda habría tomado ya alguna medida persecutoria. Y lejos de eso, cuando él quiso interrogarla sobre el esclavo, demostró ella patentemente su deseo de no dar cuenta de sus actos... Y ahora... No cabía dudar, Liberato era aquel que había cogido el rescate de Federico. ¿Qué diría su ama al saberlo?...

Preocupado en estos pensamientos volvía cuando, al pasar la tranquera del potrero, la presencia de Santiago le recordó la historia de la carta. ¡Ah!... Pero Santiago no sabía nada. Uno que pasaba —él no le conocía— le dio una carta para su ama. Ocurrió en el «camino de los sitios», que era como los guajiros y los esclavos llamaban al de sitiería que, en efecto, daba acceso a la sitiería de labor de aquella parte, hasta la estancia «Morelia», que era de donde comenzaba. Cuando le preguntó si el dador era blanco, negro o mulato, Santiago abrió desmesuradamente los ojos y miró de un modo peculiar a don Gumersindo, a la vez que le contestaba:

—¡Ah, mi amo! Blanco mimo, mi amo.

Según andaba discurría y en cada nuevo discurso afirmábase más en que Liberato era el que había él visto apoderarse del dinero. De súbito le ocurrió que el esclavo podía ser un instrumento del atronado joven. Sí; él sin duda lo había hecho venir de Belmiranda... o de donde estuviera, para representar aquella farsa infame contra sus propias hermanas. Él sabía que el joven era un botarate descabezado; y tenía nuevas noticias además, comunicadas por Isabel, respecto de las últimas peticiones de Federico a la viuda. ¿No era posible que todo aquello del secuestro y los bandidos fuese pura y simple superchería de aquel perdido?... ¿Y qué debía hacer en este caso?... Pensó en que lo más honrado era exponer sus convicciones a la señora; decirle lo que había visto... Sí; esto era lo más honrado... pero no lo más prudente. Y don Gumersindo era «la prudencia personificada».

Iba ya bajando el Sol tras las montañas distantes, cuando llegaba aquella misma tarde Federico a la pequeña verja del jardín; y del caballo, antes que los pies en el suelo puso los brazos sobre los hombros de Malenita que, hallándose en el portal, fue la primera que acudió en volandas a recibirle y prodigarle sacrificios. Esto fue una verdadera sorpresa para el joven, pues había creído que su hermana no recobraría la razón. Ana María salió poco después cuando entraban en el peristilo cogidos de la mano Fico y Malenita.

Don Gumersindo apareció también casi enseguida. Quería ser de los primeros en oír la relación que indudablemente haría Federico. Y, desde luego, el joven no se hizo esperar demasiado... Minuciosamente lo refirió todo. Cómo al tornar de su acostumbrado paseo el día tras anterior le habían sorprendido tres facinerosos:

—Uno blanco, otro negro y el tercero... ¡Van ustedes a asombrarse!... El tercero era Liberato...

El efecto fue como lo había previsto el joven: ¡estupendo!

—Liberato.

A una voz pronunciaron las dos hermanas este nombre y hasta el mayordomo hizo un indefinible movimiento al oír la declaración de Federico.

Sin embargo, en cada uno de los circunstantes causó la noticia una impresión diversa. Magdalena pensó: «¿Ah, en eso andaba Liberato? No en balde no le veía por aquí»... —Ana María sintió que la ira le quemaba el rostro, hasta el extremo de hacerle saltar las lágrimas—: «¿Eso?... más —pensó—. ¡Ah, infame!»... —don Gumersindo, que no apartaba la vista de Federico dijo—: «¡Bien —decía yo— que era Liberato!... Pero ¿será cierto que no es un instrumento de este badulaque?»...

Cada cual profirió una observación, guardando las conveniencias; y reanudando su relato siguió Federico diciendo cómo le vendaron los ojos con mucho miramiento, y le tuvieron caminando a caballo cuesta arriba, casi toda la noche;

hasta que por la madrugada le quitaron la venda y se encontró en un pequeño escampado. Allí había otro negro que le llevó hacia dentro, a un bohío que parecía un chiquero, y allí le designaron una hamaca, en la cual se echó después que le hicieron escribir la carta petitoria; que luego habían salido Liberato y el blanco, quedándose los otros dos vigilándole, hasta la noche, cuando le volvieron a vendar, y andando nuevamente, cuesta abajo esta vez, al cabo de algunas horas le desvendaron en un monte desde el cual le parecía escuchar rumor a cierta distancia. Allí le amenazaron una vez más con la muerte si daba el más pequeño grito o hacía el menor movimiento para huir; y todo el día le tuvieron bajo unos árboles, dándole por toda comida carne de puerco ahumada y plátanos verdes, salcochados desde el día anterior, y brindándole «cínicamente» de beber en la cantimplora que llevaba cada uno... Así le habían tenido hasta que, a cosa de la una de la tarde se marchó Liberato, volviendo como a las cuatro, mostrando el saco de dinero y diciendo: «Ya el berraco está en la yuca»; disponiéndose entonces que le soltasen cerca del camino.

—Pero antes, Nanía, me dijo el mulato para que te lo dijera a ti, que «él sabe lo que es ser un hombre, que le perdones sus faltas»; y además que sus compañeros le obligan a notificarte que si no les pones donde ellos te indiquen, 200 pesos cada día primero de mes, se verán obligados a quemarte los cañaverales. Parece que es una contribución forzosa que han impuesto a todos los amos de ingenio de esta comarca.

—¡Ah, perro!... ¿Lo oye usted, don Gumersindo?... La guardia civil le llevará el dinero antes del plazo señalado... ¡Cá a chórro! ¡Que le perdone!... ¡Nunca!... ¡Infame! ¡Nunca!...

Y dijo esto de manera tan especial que a todos les llamó la atención. ¡Tal era el odio que revelaba su acento!

XI

Todo quedó dispuesto para el día siguiente. Federico se restituía a sus amigos del Palacio Nuevo. «Ni por un gallo inglés», dijo, se quedaría allí, a merced de los bandidos, que acaso quisieran repetir su obra. Y tan resueltamente expuso su determinación de marcharse, «aunque se muriera de hambre» en Belmiranda, que la viuda creyó oportuno mostrarse generosa con él, y le ofreció escribir a su abogado, a fin de que le entregase el dinero que en su poder tenía; y le regaló además, para el viaje, un billete de 50 pesos, al cual agregó Malenita otro, y la promesa de repetir aquel obsequio todos los meses.

—Decididamente me sopla la fortuna —decíase Federico, tendido panza arriba en su cama, recogido ya para dormir.

Y no le faltaba razón. Enrolladas en un gran pañuelo de bayajá nuevo, tenía en la cintura hasta 200 onzas de oro; y con tanto celo cuidábalas que con ellas atadas se acostó, no queriendo aventurarse a poner el cinto en parte alguna fuera de su cuerpo. Resistíasele el sueño, y entre acariciar el rollo repleto de oro y entornar los ojos procurando adormecerse, girábale el pensamiento en plácida recordación de los recientes sucesos.

—¡Qué buena se la he dado a todos! —murmuraba contento de su travesura e ideando vagamente la vida que le esperaba.

Buena había sido, en efecto; porque el bandido secuestrador, en puridad, no había sido Liberato. El fugitivo esclavo había andado miserablemente vagando de uno en otro monte, pesándole su libertad presente más que la anterior esclavitud le había pesado. De roma inteligencia aunque no bastantemente pervertido, apenas si en unión de otro compadre, un negro alzado de una finca cercana, hubo de robar algunos puercos y gallinas de este o del otro corral, saqueando aquí o allí algún conuco, metiéndose después en lo más intrincado del monte, allá lejos, sobre las lomas, bajando únicamente cuando les faltaba de comer; y aun esto llevaba camino de cesar, porque el compañero de Liberato era un buen labrador, y entrambos habían construido su habitación de «vara en tierra», y a más de su chiquero con una pequeña cría tenían un paño de terreno preparado para la siembra de viandas, con lo cual podrían vivir sin la constante exposición de ser apresados en el llano. Pero esto, que era suficiente para Roberto, no le bastaba ni con mucho a Liberato, que había gozado hasta entonces de un muy distinto género de vida. Su congoja le llevaba de una parte a otra, alicaído con su afección nostomaníaca, rondando siempre a la vista de la hacienda, conjeturando el movimiento del hogar de sus amos, hasta en sus últimos detalles; deplorando su sensual extravío de un momento, por el cual veíase condenado a la serie de angustias y zozobras que le trastornaban hasta sentir un cierto deseo de ser aprehendido, conducido ante su ama, y sufrir de una vez el castigo que quisiera dársele, siempre que después le dejasen en su oficio, en la relativa holgura y privanza en que estuviera hasta aquella noche que cordialmente maldecía, desde el instante mismo en que se hiciera culpable. Pero, su estrechez de cerebro no era tanta que no se le alcanzara la imposibilidad de aquella restitución a su pasado valimiento. Entonces recordaba la fatídica amenaza: «¡Te voy a descuartizar!»... Y tan horriblemente sonaban en sus oídos aquellas palabras, que le hacían estremecerse y huir despavorido a las montañas, permaneciendo muchas horas, y a veces muchos días, en el más estrecho rincón de su guarida, temeroso hasta de las pisadas de su bienhallado compañero.

En uno de aquellos días de apocamiento, andaba Liberato a la ventura, y tan desprevenido y fuera de razón andaba que de manos a boca tropezó con Federico, que a caballo volvía de su paseo cotidiano. Su primer impulso fue apartarse del camino, ocultarse, huir del joven; pero aun pensando en ello no acertó a moverse; y ya casi pasaba de largo el jinete sin reparar en el esclavo, cuando éste le llamó la atención dirigiéndole la palabra:

—¡Niño Fico...!

—¡Hola, eres tú! ¿Qué haces por aquí? —preguntóle Federico, arrendando el caballo.

—¡Ah, niño Fico! Sírvame de padrino, niño...

—¿Qué te pasa?

—Yo etoy juío de casa, niño... La niña Nanía me quiere dá un bocabajo... Sírvame de padrino, niñito, por su madre...

—¿Y tú, qué has hecho? ¿Por qué te huiste?...

—Cosa de lo sombre, niño; una hora mala... —contestó el esclavo, con notoria turbación.

Federico supuso, desde luego, que el motivo de la fuga de Liberato sería alguna leve falta; algún robo insignificante, a lo sumo, y que el temor al castigo le habría hecho abandonar la casa.

—Bueno, vamos —díjole al fin.

—Pero, niñito, por su madre, que no me den cuero... —suplicó de nuevo Liberato, casi arrepentido de su presentación.

—Anda, hombre, anda... ¡Qué miedo le tienes al cuero!

—¡Ay, niño Fico!... Si me dan do cueraso me creo que me muero...

Echó adelante el sumiso fugitivo, y detrás, contenida su caballería, marchaba Federico al paso del esclavo; y observándole tan proporcionalmente formado, erecto el cuerpo más bien alto que mediano, aun si es no es amojamado de carnes, anchos los hombros y sin desmayo caídos los robustos brazos, desenvueltos en el manejo de los caballos, decíase que necesariamente había de tener muy limitado entendimiento el hombre que con tales prendas no aspirase a más amplio horizonte que el de la servidumbre más o menos caritativa... Si él hubiese tenido la desgracia de ser uno de aquellos esclavos... ¡ni pensarlo!... un día se levantaba y «no dejaba títere con cabeza»... ¡Un hombre como aquél, tan bien dotado de la naturaleza, bajo el dominio de unas débiles mujeres!... Y cuando aquí llegaba le asaltó el recuerdo de la necesidad de dinero que venía atormentándole, sin hallar una traza para arrancárselo a sus hermanas; y asociando ambas ideas decíase: ¿Había más que entrar una noche en el cuarto de su ama y decirle: «¿Me das tal cantidad ahora mismo, o acabo contigo?»... ¡Ah! Si él fuese el fugitivo no habría buscado al hermano de su ama para que le sirviera de padrino a fin de no llevar azotes; sino que, cogiéndole de las riendas el caballo le habría dicho: «¡Aquí me vas a dar el dinero que llevas, o vamos a ver cómo nos arreglamos!».

E imaginó enseguida un puñal reluciente, un afilado machete de cinto, un «trabuco naranjero», todas aquellas armas preferidas por los bandoleros de todos los pueblos, o mejor, de todos los despoblados. Y no pudo menos de sonreírse mientras pensaba: «¡Sí, lo que es a mí bien podría mostrarme un arsenal, que no me quitaría ni un centavo!»...

Acercábanse entretanto a los linderos de la finca. En el torvo ceño de Federico podría haberse adivinado las ideas que en su mente elaboraba. De repente detuvo su caballo:

—Dime —díjole al esclavo—. ¿Tú no tienes armas?

—No señó, niño —respondió aquél, receloso y mintiendo, pues nunca olvidaba su largo y agudo puñal.

—¡Qué estupidez!... ¿Tú no has pensado nunca en ser libre?... ¿No quisieras irte al extranjero?...

El recelo del esclavo aumentó sobremanera.

—¡Ah, niño Fico! Yo no quisiea má sino que la niña Nanía no me catigara...

—¿Desde cuándo te huiste?

—Ya hase cosa de do mese, niño.

—¡Dos meses!...

—¿Y dónde has estado todo ese tiempo?

—En é monte, niño.

—Llévame al lugar en que has estado.

—¡Niño Fico!... Yo...

—¡Anda, o te abandono a tu suerte!...

Ya el Sol había traspuesto las montañas. Liberato experimentó más deseos de huirse nuevamente que de ser apadrinado por su amito. ¿Por qué volvía Federico grupas hacia el monte, tan a deshora y tan sin propósito, según sus cálculos? ¿Querría saber dónde se había ocultado, para perseguirlo allí, si por acaso se huía en otra ocasión? Y además de todo; ¿no habría de ver el joven allá en el pequeño palenque a Roberto, el otro cimarrón compañero de Liberato? ¿Y no era esto como entregarlo indirectamente a la persecución de sus amos?

Todos estos pensamientos bullían en la imaginación de Liberato, según se alejaban del ingenio, y ya miraba a todos lados para escaparse de su padrino, cuando éste le habló de nuevo:

—Escucha, tengo un plan que te conviene... ¿Eres cobarde?...

Los ojos del mulato brillaron de una manera especial.

—¡Niño Fico! —dijo—; una cosa é tenele mieo a lo boca-bajo y otra cosa é la dinidá de lo sombre...

Ya Federico había redondeado el diabólico plan que luego puso en práctica. Liberato, el de la inteligencia obtusa —¡quién lo diría!— solo necesitó cuatro palabras para penetrarse del proyecto. ¡Y con cuánto júbilo se prometió colocarse a la altura de las exigencias! ¿Papel? ¿tinta? ¿sobres? ¿plumas?... ¡Vaya! Todo sobraría. No lejos de donde se encontraban, en una bifurcación del camino, había una tienda. Su dueño, don Patricio Alpelo, era el comandante del escuadrón de caballería de Matarife, donde tenía otro establecimiento, el principal, un almacén de miscelánea en el que se hallaba de todo: fonda, billar, tienda de víveres, café y cantina; lencería, peletería, quincalla, oficina de contratación, etc., etc. Don Patricio Alpelo era la más influyente personalidad de Matarife, desde que al cesar la guerra de los diez años tornó a su antiguo comercio, como Cincinato a su terruño, después de haber bizarramente defendido con las armas la integridad de la patria española. Liberato había estado en aquella tienda del camino en diferentes ocasiones, y nadie había tenido que ver con él. Sabían allí que era del ingenio «Candelaria», y como nadie tenía conocimiento de su fuga de la finca, ninguno se ocupó de sus idas y venidas, que por otra parte nada tenían de sospechosas. Y allá se fue Liberato a proveerse de los adminículos que le pidiera Federico.

Con esto llevóse felizmente a cabo la empresa. Y cuando de allí a dos días vióse Liberato dueño de 84 onzas de oro, después de haber gratificado con 10 a su compañero Roberto, por los servicios que prestara al joven Federico durante su permanencia entre ellos, midió el fugitivo toda la distancia que existía del temeroso cimarrón que buscaba amparo contra las iras de su ama, al bandido que tan fácilmente podía hacerse temer de toda la comarca, imponiendo desde las selvas condiciones tan terribles por lo menos, como las que en el llano eran impuestas a las víctimas del coloniaje. Cierto que él no discurría con definida claridad en esto, pero el resultado había de ser el mismo. «¡Ah! —pensaba—. ¡Cómo saben los blancos! ¡De dondequiera sacan dinero!...» Pero ya él también conocía un excelente resorte para producir dinero; él demostraría que era capaz de imitar las obras más arriesgadas de sus civilizadores. Era materia dispuesta; una sola indicación le había bastado para descubrir un mundo en el cual se ensancharía su instinto adormecido. Aquél era su centro verdadero. ¿Cómo era que teniéndolo tan cerca no lo había notado hasta entonces? Por ahora obedecería las instrucciones que recibiese de su joven amo; pero luego... Bien comprendió el novel y aprovechado bandido que necesitaba emanciparse, y determinó hacerlo así cuanto antes, a fin de que su iniciador no continuase adjudicándose la parte del león como aquella vez había sucedido. Cumpliría con fidelidad lo acordado. Sería el brazo ejecutor; asociaría en sus desempeños a Roberto, que era valiente y le obedecía en todo. Federico le daría o mandaría las necesarias disposiciones. Siempre había confiado, y ahora más que nunca confiaba, en la bondad suprema de su «Justo Juez». Con esto y con las grandes influencias que suponía a su amito ¿cómo no había de salir en bien, hasta de los más apurados trances? Por lo pronto era muy poco lo que tenía que hacer. Solo concurrir en determinados días a señalados sitios, y vigilar el camino. De esta manera, ejecutadas ciertas señas, recibiría órdenes de su amo y jefe, y todo saldría a pedir de boca.

* * *

Cuanto había ocurrido lo evocaba Federico involuntariamente, a la vez que pensaba su llegada a Belmiranda. ¡Qué sorpresa la de aquellos que le habían suelto la espalda cuando le hubieron ayudado a tirar la última peseta!... Volvería a ser el niño mimado del Club de los Monteros; volvería a tener la voz que, desdeñando el voto, tenía cuando a sus palabras seguía el chorro de oro que arrastraba incondicionalmente la voluntad de sus conmilitones. Volvería a pasarle por el frente a Clarisa, la arrogante mulata que tan buenas onzas le costara, y de quien tuvo que alejarse cuando aquellas onzas le faltaron, puesto que con ellas le faltó la llave única que daba acceso al *boudoir* de la suntuosa damisela. Y ahora no había temor de que se le secase el chorro, porque la fuente que había descubierto parecíale inagotable.

En lo que no pensó Federico, no obstante haber pensado tanto y en tantas cosas a la vez, fue en lo que más debió pensar: en lo que duraría la sumisión de Liberato, y hasta dónde podría contar con la pasividad del fugitivo esclavo. Veíalo todo a medida de su anhelo, y nada más quiso ver por entonces.

Pasada la medianoche se quedó rendido, y tal fue el sueño que le tomó, que no pudo, como era su deseo, partirse a Belmiranda en el tren de la mañana haciéndolo en el de la tarde, satisfecho de su buena estrella.

—¡Pueden realizarse muy buenos negocios! —pensaba, mientras, adoptando una estudiada postura en su asiento del lujoso coche de primera, fijaba lánguidamente la vista en una hermosa y elegante joven que se hallaba dos hileras más abajo, por la banda opuesta. Junto a la bella señora encontrábase un caballero, probablemente su esposo, dado el profundo interés con que a su lado iba leyendo.

Federico seguía pensando en sus propósitos y mirando a la joven señora.

—Perecito... sí; tengo que contar con Perecito... ¡Hay entre la pollería belmirandense mucha, tela que cortar!... ¡Vaya si hay!...

Y como la joven, de quien no separaba Federico los ojos, volviese hacia la parte aquella el rostro, fijándose a su vez en él; con un rápido movimiento de los labios le marcó el libertino un beso que la obligó a inclinar ruborizada la frente. En este instante sonreíase el caballero con grande complacencia. Notándolo ella, quiso ver la página que aquél leía; pero él cerró prontamente el libro, diciéndole con la más cómica gravedad imaginable:

—¿Estás loca?... ¡Si es «Gustavo el calavera»...!

XII

Habían trascurrido algunos días del mes de septiembre, y casi dos semanas desde que Federico Unzúazu recomenzara sus desenfrenadas correrías por el amplio campo que la ciudad le ofreciera. El séquito de amigo que a todas partes le acompañaba era mayor, si cabe, que el de sus mejores tiempos pasados. Y esto, seguramente, porque el mozo ahora jugaba menos y en sus continuadas francachelas tiraba el oro con mayor prodigalidad que antes.

Corrían fabulosas versiones, de una en otra mesa de los cafés, respecto de la reaparición del joven. Afirmaban algunos que se decían bien enterados, que Federico había ganado una fortuna a un individuo en el campo, y que merecidos respiros vedaban la divulgación del nombre del arruinado caballero. Otros menos inspirados, o de menos inventiva, aseguraban que Magdalena había perdido el juicio por unos amores desgraciados, y le daba a manos llenas su herencia a su hermano, el cual no tenía el menor escrúpulo en derrocharla como había derrochado la propia. Otros, además, decían que lo cierto en el asunto era que los médicos habían desahuciado al joven, diciendo a las hermanas de éste que podría vivir, según alcanzaba a ver la ciencia, a lo sumo un par de años, y que dentro de aquel plazo no tenía hora segura; por lo cual la viuda, que era la más rica, le había regalado una gruesa cantidad para que satisficiese sus liviandades. Y esta opinión era la más aceptada, porque todos veían que Federico no gozaba de buena salud. Por momentos apergaminábasele aquella piel terrosa que sacara de la enfermedad; y sus amigos le daban bromas con Clarisa, de quien había vuelto a ser favorecido.

—Te está chupando como si fuera un vampiro —decíale uno que entre sus compinches tenía fama de ilustrado.

Pero aquello era para Federico una lisonja que halagaba su amor propio. ¿Qué más deseaba él sino que todos le señalasen como el favorecido de Clarisa, para cuya voracidad no había riqueza suficientemente sólida? Y para que a nadie quedase duda de su estabilidad y favorecimiento, indicó a sus cofrades que se diesen una suelta por «El Carbúnculo», la joyería de la gente de pro, para que vieran el costoso aderezo de brillantes que desde el día siguiente se expondría en sus vidrieras, y el cual aderezo había diseñado y pagado para regalárselo a su querida en su cumpleaños y unos días más tarde, el 13; invitándoles de paso para que le acompañasen por tan fausto acontecimiento a tomar unas copas en unión de la hermosa festejada.

Aceptaron, desde luego, todos los allí reunidos; y tributándole un ruidoso aplauso, reserváronse el propósito espontáneamente concebido, de investirle de «un voto especial de calidad» con ejercicio franco en todas las deliberaciones del

Club de los Monteros, cuando por la excelencia y el buen gusto se lo conquistase la joya que irían todos a ver el siguiente día.

Federico estaba aquella tarde asaz desazonado. Entre él y Perecito se cruzaban miradas de inquietud. Dos días antes habían enviado a Matarife un comisionado con las instrucciones necesarias para que, avistándose con Liberato le previniese a fin de que estuviera dispuesto y en el lugar designado, desde el día quince hasta el veinte, que había «negocio», y saber además si la viuda de Nudoso había satisfecho el impuesto señalado, en cuyo caso debía traerles el portador la mitad de aquella suma. Y ya debía estar de vuelta el mandadero, y como no lo había hecho, hallábanse atormentados por las conjeturas que la tardanza les sugería. «¿Qué podría haber ocurrido?»...

Y cuando por la noche le vieron aparecer por una puerta del café El Palacio Nuevo ¡con cuánto regocijo le saludaron!

—¿Qué tal tu padrino? —le interrogaron casi a un tiempo mismo.

—Mal —respondió el recién llegado—; muy mal. Tras haberme costado la mar y morena verle, me salió con que nada se ha resuelto aún. Y gracias que le pude «trabajar» un doblón para el viaje de retorno.

La conversación tomó enseguida otros derroteros, y tal parecía que en lo referido concluyera todo.

Nicanor Moreno era un joven bachiller que tenía en Matarife un su padrino, el cual por algunos años le había costeado los estudios de su cartera; pero al ver más tarde que de todo hacía el joven menos estudiar, porque, según dijo, aguardaba a que se instituyera en Cuba la cátedra de ingeniería, suspendióle su protector la mesada, y si no era porque alguna vez iba Nicanor a Matarife y le sacaba algún dinero, podía decirse que aquél le había retirado sus favores. Cuando Federico Unzúazu y Perecito celebraron sus deliberaciones acerca de los propósitos del primero, teniendo por instrumento a Liberato, recordó Perecito que Nicanor tenía un pariente en Matarife; y a más de esto, como su carácter osado, su permanente carencia de dinero, y su natural viciado y vanidoso hacían de él un auxiliar aceptable, decidieron desde luego coligarle a su empresa. Teniendo como tenía en aquel lugar a su padrino, al cual solía ir a ver a menudo, no serían sus visitas tan sospechosas como las de cualquiera otro; y así, él sería el comunicante de lo que hubiera que hacer saber a Liberato para llevar a cabo lo que en adelante dispusieran los jefes neobandidos. Y la primera encomienda había sido aquella, que se presentaba con todas las apariencias de un estupendo fracaso.

Pasado un instante, con no mucho disimulo hiciéronse a un lado los tres amigos, y Nicanor detalló sus operaciones. Enseguida había encontrado el lugar y al individuo, previas las señas convenidas. Liberato le había hecho saber que, lejos de acceder a la entrega de los 200 pesos mensuales indicados por Federico, la viuda le había echado encima toda una legión de guardias civiles; que el fugitivo esclavo entendía que Federico lo había perjudicado por completo, metiéndole en aquel lío; que desde una u otra loma veía todos los días salir a sus persecutores, y que no obstante reírse él de todo aquello, desde ahora para luego lo decía: que mientras él pudiera salvarse, todo marcharía bien, pero que si lo cogían, el hermano de su ama no se quedaría riendo; y en fin, que como Nicanor le dijera que no tenía dinero para volverse a la ciudad, el mulato le había dado un doblón para el viaje.

Pero en esto mentía Nicanor Moreno. Liberato le había regalado 6 onzas de oro, y se habían entendido ambos tan admirablemente, que ahora eran dos aliados contra la malignidad que Liberato creía ver en Federico. Y el quid de todo estaba en que Nicanor reconoció en Liberato un hermano de asociación. Un juego de *ñáñigos* de jóvenes blancos, al cual pertenecía Moreno, había sido apadrinado tiempo atrás por el «juego» en que figuraba Liberato como uno de los jefes, y como tuviera éste que asistir a la ceremonia de la nueva hermandad, había sido allí notado por el tal Moreno.

¡Ahora sí estaba satisfecho Liberato! ¡Uno de «los suyos» se hallaba cerca de Federico y del otro amigo de éste, a quien él no conocía y de quien tanto mal podía venirle! Nada, sin embargo, tenía que temer ahora, puesto que a la guardia civil tenía la seguridad de burlarla en un terreno que tan conocido le era desde sus primeros años.

—¿Estamos ya a 10, y no ha pagado? Pues que le den candela a los cañaverales —dijo Federico, mirando a Perecito. Y como éste demostrara estar conforme.

—Mañana volverás allá... —agregó, dirigiéndose a Nicanor. A lo que el joven contestó:

—No, mañana es imposible; y aun lo será durante algunos días. La semana que viene debo ir a Matarife, porque mi padrino me ha dicho que para entonces podrá darme alguna cosa...

—Bueno; pues todo se hará entonces a un tiempo. Y de ese modo el fuego de la caña servirá para distraer las fuerzas de la guardia...

Los jóvenes volvieron a reunirse al grupo, sin que de éste se hubiese fijado ninguno en aquella conferencia de los tres coligados.

Dos días después de aquella noche era «un jubileo» el tramo de la calle en que vivía Clarisa, allá en el alto barrio de Antúnez. Desde por la mañana se notaba el ir y venir de los mozos del restaurant El Palacio Nuevo, y las bulliciosas felicitaciones de los más íntimos amigos de la casa. Luego de esto, cosa de las dos de la tarde, comenzaron a llegar los convidados a la gran fiesta onomástica. Dominaban los túnicos-batas blancos de ajustado talle, de rica tela de hilo entrelistada de costosas puntas y encajes, y arrastrando vara y media de cola al retrechero andar de tanta hembra arrogante como por uno y otro extremo de la calle aparecían, con sus grandes mantones de burato canario, blanco, solferino, negro, bordados de vistosas ramazones, y orlados de largos y sedosos flecos.

A empeño había tomado Clarisa reunir aquel día en que esperaba a la flor y nata de la «taquería» belmirandense, la espuma de «la pardería de rompe y raja». ¡Y qué incisiva la belleza de aquellas mulatas! Esta, delgada y flexible como un junco, cimbreábase de suerte que a cada paso parecía quebrarse por la cintura de avispa, libre y suelta y convidando a saborear las notas juguetonas de la danza. Aquella, redondeada por sus buenas carnes, donairosa, provocativa, con su esbelto talle y ensanchadas caderas, delatando a la mujer potente y acondicionada mejor para los encantos de la maternidad que para los devaneos del libertinaje. Y otras más, aunque pocas, bastante alejadas ya de sus seis lustros, contando la mitad lo menos de servicio activo, declarado el vientre en rebeldía por la opresión extremada del corsé, y rebotando en el pecho cierta oscilante protuberancia que no admite el mucho acercamiento al cuerpo —no obstante ser esta la salsa más sabrosa de esos bailes de «ajiaco»— deshacíanse por sustituir con su desenvoltura de aguerridas veteranas su menoscabada belleza de mujeres-juguete en vías de desecho. Pero en todas abundaba, cuando no la gracia seductora de su sexo, el deliberado propósito de agradar, la zalamería enigmática, la risa picaresca, las miradas dormilonas que caldeaban los sentidos e infiltraban el deseo de la posesión en el ánimo de aquella juventud desenfrenada, perteneciente a las más enaltecidas clases sociales, producto envenenado del coloniaje y material propicio para fabricar pueblos de esclavos.

La comida fue soberbia. Servida por el restaurant de moda. Cincuenta cubiertos había pedido Federico, pero hubo necesidad de aumentar diez más. La casa era amplia, y dos largas mesas, una en el comedor y otra en la sala, bastaron para dar cabida a todos, con la relativa comodidad de comer más o menos abrazadas las parejas.

Los guardias municipales y de orden público eran impotentes para mantener franca la acera, y aun la calle estaba impedida para el tránsito de carruajes. De todas partes de la ciudad acudieron curiosos a ver aquella fiesta que no tenía precedente en los anales de la crónica escandalosa de Belmiranda. En algunos coches de alquiler, así que fue anocheciendo, llegaban y se detenían, recatándose el rostro, no pocas de las más principales damas, que quisieron saber por sí mismas si en aquella orgía se encontraban sus maridos o sus íntimos. Pero en vano. Las ventanas tenían solo a medio abrir los postigos, lo que hacía más apiñada la aglomeración de gente, pues todos querían ver cómo comían, cómo bebían, cómo se trataban, y cómo en fin, bailaban y se apretaban las parejas, y cómo al resplandor de las luces parecía la hermosa Clarisa, cuyo espléndido terno de brillantes era el obligado asunto de todos los círculos alegres, y la admiración de media comunidad, sin que los más hubiesen visto aún lo que de propósito ensalzaban.

Como a las nueve de la noche quedaron los salones dispuestos para el baile. Algunas convidadas salieron a variar de traje en sus casas, y las más entraron a hacerlo en las habitaciones de Clarisa, puesto que desde el mediodía habían llevado sus vestidos y joyas para la fiesta nocturna. En el entretanto ocurrieron algunos incidentes desagradables, pero todo logró conjurarlo la obsequiosa Clarisa; aunque pudo tener muy graves consecuencias uno cuya protagonista fue la querida de Perecito, y en el cual llegó a intervenir el celador del barrio. Cuestión de celos entre dos suripantas. Federico, sin embargo, hizo entender al idóneo funcionario que «aún había clases», y todo terminó en ofrecimientos y obligaciones mutuas.

No era la fiesta aquella de esas en que los concurrentes parece que apuestan a quién llega más tarde. Lejos de eso, cuando a las diez o poco más sonaron los timbales, indicando a músicos y convidados que estaba próximo a comenzar el baile, ya estaban la sala y el comedor cuajados de mujeres, mozalbetes y viejos «chispoletos», pintiparados todos con el esmero que demandaba aquel extraordinario sarao de lances y de envite. Ni todo era buen gusto entre las agasajadas damiselas. Había entre aquella deslumbrante exposición de víctimas del lujo y la molicie, no pocas manifestaciones de incultura en guerra abierta contra la discreción que pudiera exigirse a su opulencia.

Ya estaba dispuesta la orquesta y aguardando la orden de empezar, cuando hacia el comedor notóse cierto arremolinamiento.

Un zumbido continuado que al principio se estimó producido por la concurrencia, resultó ser un arpegio en crescendo de los violines, ejecutado en lentas arqueadas, tenuemente estremecidas, simulando armonizada música de abejas, cayendo como un cernido de notas pulverizadas que, llenando el salón de una especie de atmósfera fantástica, marcaba allá en el fondo, en apagados acentos, algo como una deliciosa marcha de triunfo improvisada por invisibles artistas sobre-naturales.

Los convidados que se hallaban en la sala se agruparon en la puerta que comunicaba las dos piezas, y los que se que-daban atrás, lo mismo hombres que mujeres, empinábanse sobre las puntas de los pies, sujetándose de la espalda de quienquiera que se hallase delante, y aun sobre las sillas en-caramáronse algunos para ver mejor qué pasaba en el otro departamento.

Era que por aquella parte había salido de su tocador la bella Clarisa, del brazo de su envanecido caballero.

Esto fue un golpe de alta diplomacia que niveló la situa-ción de los concurrentes; porque las mujeres que ocupaban aquella pieza, estimábanse un tanto deprimidas por la mejor colocación de las que en la sala estaban; pero al ver que no por la sala sino por el comedor empezó la amartelada pareja a saludar a los asistentes a la fiesta, reinó en todos el entu-siasmo y nadie pensó más en supuestas preferencias.

Clarisa avanzaba por entre la copiosa niebla música de los violines, apoyada del brazo de Federico, rodeando la estan-cia lo más cerca posible a los asientos enfilados contra las paredes, y con majestuosos, movimientos de cabeza y son-risas de amantes satisfechos, fueron saludando a todos los convidados, siendo a la vez devoradas por las miradas de to-dos, que con avidez escudriñaban en el busto de la celebrada etaira las brillantes joyas de que tanto se había hablado en aquellos días.

Cuando la pareja se dirigió a la puerta de la sala para con-tinuar en ésta su triunfal paseo, las mujeres ocuparon preci-pitadamente sus asientos, y los hombres abrieron doble fila a la entrada, en medio de la cual aparecieron Clarisa y Fe-derico, arrancando un espontáneo murmullo de aprobación entre los convidados y entre los curiosos de la calle, que se apiñaban más y más contra los hierros de las ventanas para ver hacia adentro por los angostos postigos, que permanecían entornados, como en demostración de ser aquélla una reunión de carácter rigurosamente privado.

Federico vestía un largo y holgado saco de albión, negro, cruzado, de ancha y alta solapa y botonadura doble; pantalón medio bombacho, de casimir color de acero, cayendo blondo y ajustado sobre el empeine del pie calzado a corte alto y fina punta de «trompa de cochino», corbata plastrón de falla negra, sobre la cual resaltaba el blanco cuello volteado, y luciendo en el centro un pequeño alfiler de oro, encabezado de una abeja de nácar. Y Clarisa llevaba una ceñida bata de poplín azul pálido de tendida falda japonesa, menudamente atufada al nesgado por el frente, y cayendo en forma de ampolleta desde los hombros a la cintura, y de la cintura al borde extremo del vestido, adornado de angosto y fino encaje de seda negro en los tufos y en el corte superior del jubón. Las mangas eran de las que llaman perdidas, de forma oblonga, descubriendo a cada movimiento el brazo todo, metido en alto guante de seda color pajizo; escote de cendal de blanco lino que excitaba el deseo de absorber la piel que se trasparentaba en el seno voluptuosamente descotado.

Y como la descotadura iba el tocado.

Tenía flojamente recogido en el vértice el azabachado cabello, y, al desgaire, confundida entre sus flecadas hebras una sarta de esferillas periformes que en oriental remedo, sujetaba hacia la frente una primorosa diadema de vistosas piedras, realzando la tentadora expresión de sus hermosos negros ojos de índica pitonisa. Y completando los detalles de tan caprichosa elegancia, el celebrado aderezo, el terno de brillantes que producía en unos la admiración, la envidia en otros, y en todos el anhelo de prodigar a los adulados amantes sus escogidas frases de afecto más o menos mentiroso.

El triunfo de Federico Unzúazu fue completo.

La terminación del paseo por la sala puso fin al artístico hormigueo estradivárico, y dio la señal de principiar el baile. ¡Cuan grande alborozo jubilaba todos los semblantes! Aquello era el placer en su expansión extrema. Leche y canela batidos con molinillo de dos por cuatro. Un torbellino de cabezas giratorias, como ruedas de una máquina infernal. Las vueltas rápidas, los «pasos de muleta», el «yambú» zapateado, el «infanzón» redondo, la vuelta revesada y ciento y más figuras sugeridas por el tango cadencioso de los más celebrados danzones de la época, llenaban de felicidad todos aquellos cerebros, en los cuales el pasado había muerto y lo porvenir no existía. Ni ayer ni mañana. La noche aquella, el baile aquel constituía para ellos toda una existencia. ¿Qué más vida que tener por la cintura y por la mano sujeta, en lúbrica porfía, una mujer de fuego que nos inflama con su aliento el rostro, y con su pecho oprime nuestro pecho, y con sus piernas caza nuestras piernas, y en la exaltación del mutuo forcejeo nos estrecha dulcemente como para subordinar al compás de los pies el compás de las palpitaciones que la sangre enardecida ha producido en nuestro corazón? ¿Qué porvenir ni qué pasado existe cuando nos arrastra en su vorágine la danza que nos trastorna los sentidos, colocando frente y junto a nuestros ojos unas pupilas llameantes, una faz sudorosa en cuyas líneas descompuestas nótase la pasión febricitante, y una boca, en fin, que cerca de la nuestra se entreabre, húmedos los labios, anhelosa, como solicitando un beso largo, interminable, un beso de esos que tras sí nos llevan la respiración y el alma?... No; entonces no hay más que el día, la hora, el momento en que se gusta la dicha sin pensar en el veneno. Es un agua tofana que se liba como delicioso néctar de ambrosía.

Mediaba la tercera danza. El vértigo de la alegría perturbaba los cerebros. De súbito, como si estallara un rayo en medio de la sala, oyóse un grito, y tras el grito voces que pedían socorro y clamaban angustiosamente. Sucediéronse las carreras consiguientes... Enmudeció la orquesta, y oyéronse distintamente las exclamaciones. «Han matado a uno.» «¡Han asesinado a alguien!» «¡Es Perecito!» «¡Ha sido Clarisa!» «¡Federico ha sido!»...

Mientras tanto la policía se había abierto paso. Los guardias pudieron impedir sin mayor esfuerzo la salida a cuantos se habían demorado en huir.

—¡Que nadie lo toque!... ¡No lo toque nadie!... —repetía el celador, junto al cuerpo de Federico Unzúazu, que yacía tendido boca arriba en el suelo. Y Clarisa refería por la vigésima vez la historia del fatal suceso.

—Bailaba conmigo —decía temblando aun del susto—; estaba contentísimo, como lo estuvo todo el día... De repente sentí como que se ponía pesado... Le dije algunas palabras en broma por su torpeza... El pobrecito quiso contestarme, porque me miró muy fijo y al mismo tiempo se me rodó de los brazos. No podía sujetarle, grité, pedí auxilio y antes que pudiera nadie ayudarme, se cayó al suelo... Me incliné sobre él para levantarle la cabeza, y estaba pálido, muy pálido... Me miró otra vez, y otra vez quiso hablar... pero le vino un fuerte vómito de sangre que me manchó todita... Vean ustedes... Y en el movimiento que hice, llena de terror, se me escapó su cabeza de las manos, le dejé caer —¡todavía me parece oír el golpe que se dio el pobrecito!...— y luego se estremeció, y se estiró, se estiró, y ya no se movió más...

XIII

Precisamente aquella noche fue para la señora viuda de Nudoso una de esas que suele llamarse «de perros». Desde por la tarde se había sentido muy desazonada, y luego le inquietó sobremanera la suerte en que se le manifestaba aquella vez el mal, el nudo, la bola, o lo que fuere, que se le formaba en el vientre, subiéndole hasta la garganta, amenazándole con la asfixia, parecíale ahora que era de un tamaño superior, y consolábale únicamente la persistencia con que se le mantenía en el estómago, sin tendencia a subir, lo que de suceder temía la afligida señora que concluyese por ahogarla; pero de allí no había pasado la cosa, no obstante mortificarle atrozmente el acceso de hiperestesia que solo alguna que otra vez había sentido después de los más fieros ataques nerviosos. Hasta el aire le causaba ahora una impresión dolorosa, insoportable, en la epidermis; las mismas ropas interiores, con ser finísimas, le molestaban al rozarle la piel. Y sobre esto la audacia de Liberato le había irritado de un modo indecible, al enviarle aquél un nuevo apremio reclamando la contribución que por medio de Federico le había notificado. Las pesquisas de la guardia civil no habían dado resultado alguno, y cada día esperaba la señora ver arder sus cañaverales, imposibilitándole la zafra de aquel año. La noche, pues, había sido un suplicio para la conturbada viuda, quien recibió con cierta complacencia el día, porque confiaba en que sería menos penoso para ella. Mas la primera noticia que tuvo fue la del repentino fallecimiento de su hermano Federico. Era un telegrama firmado por Perecito. «Federico falleció esta madrugada repentinamente. Espero órdenes.»

Tal era el despacho; y fue bastante a determinar la crisis nerviosa, ocasionando a la señora unas contracciones musculares que la hacían retorcerse lastimosamente.

Al oír ruido en el cuarto de su hermana en tan temprana hora, acudió Malenita, y el efecto que le hizo la noticia fue terrible. Conservó, no obstante, la necesaria serenidad para disponerlo todo enseguida, a fin de no perder el tren de la mañana. Y en medio de su dolor por la muerte de su hermano, experimentaba un íntimo alborozo porque el viaje aquel la acercaba a su hija.

Ana María, pasada la convulsión, quedó en un desmayo casi extático que le dificultaba todo movimiento. Dolíanle las caderas, doblábansele las piernas, y los brazos sentíalos como si fuesen cuerpos extraños que le hubiesen colgado de cada hombro no mucho tiempo antes.

Y si penosa fue la partida del ingenio, la llegada a la ciudad fue un tormento. Del tren tuvieron que sacarla en brazos, y sin sentido la condujeron a su casa, acomodándola en uno de los últimos aposentos, para alejarla en lo posible de la sala, donde estaba tendido el cuerpo de Federico lo cual se debía a las gestiones de Perecito, a quien le fue entregado el cadáver después de las reclamaciones consiguientes.

Anémica, a pesar de su creciente gordura, de uno en otro desmayo pasó la viuda el día sin que le fuera dado ver el cuerpo de su hermano. Y por un lado sacaban al muerto y por el otro entraba el doctor Alvarado, temiendo que fuesen dos en dos días los cadáveres; porque Ana María estaba muy mala. Habíasele declarado una persistente hemorragia que tenía en peligro su vida, y en confusión no pequeña al concienzudo médico, que pensaba en un aborto, sin atreverse a hablar de ello, tratándose como se trataba de una señora viuda desde hacía más de dos años. Pero sus investigaciones le llevaban a señalar como determinante morbífico, aunque con ciertas reservas, por falta de síntomas concretos, la existencia de un embrión o feto lesionado. Y en ello pensaba cuando le avino a la paciente un ataque nervioso, tras el cual nuevos despeños ofrecieron nuevo aspecto que ya no le dejaron duda alguna. Y vuelta al reconocimiento, y cerciorado de la clase de enemigo que tenía que combatir diagnosticó en voz alta, en momentos en que no estaba presente la criada, una de las que habían traído del ingenio ambas hermanas para que las acompañasen.

—Hija mía —dijo el doctor, hablando con Magdalena— nos hallamos en pleno caso de aborto...

—¡Doctor! —repuso asombrada la joven—. Sí, aborto, y bien declarado. Ya ahora voy sobre seguro; todo marcharía mejor sin la incertidumbre que nos ha hecho perder mucho tiempo.

La esclava entró en el aposento con las vasijas limpias, y el doctor siguió escribiendo en silencio su receta.

Oíase el rumor que allá fuera formaban las familias que habían asistido al mortuorio y que, desesperadas, comentaban de mil diversos modos la inopinada enfermedad de la viuda y la terminante prohibición del médico, que les impedía entrar a ver la enferma. Al fin salió Malenita a cumplimentarlas, y todas las mujeres la rodearon, lamentando a un tiempo la doble desgracia ocurrida.

—¡Pobrecita! —decía una—. Es tan amante de su familia que no ha podido soportar este tremendo golpe...

—Sí, desde el traidor asalto de aquel bárbaro de don Benigno, era de temerse el funesto desenlace del pobre Fico —agregaba otra, que había contribuido a costear la medalla de oro con que el sexo femenino premió al encarnizado apaleador del joven.

—Siempre lo he dicho —murmuró otra amiga—, Ana María será constantemente la víctima de su familia.

Pero esto no lo oyó Malenita, porque ya se había dirigido nuevamente hacia el cuarto en que se hallaba su hermana. Y en medio de tantas penas como le abrumaban, pensaba de continuo en su hija, y se dolía de no haber visto entre los concurrentes al entierro a Eladislao, ella que esperaba tener una oportunidad para hablarle y saber de aquel tierno ser querido cuya ausencia de tal suerte la desasosegaba. ¡Ah! ¿Por qué no había asistido Gonzaga al entierro de Fico? Era imposible que no lo supiese, cuando en los diarios de la ciudad se habían publicado las tarjetas mortuorias invitando a todos los amigos, y además la muerte del joven había tenido la más desgraciada resonancia. ¿Cómo no había ido a cumplir con ella el hombre a quien todo lo había sacrificado y en el cual cifraba su mayor ventura?... Y a la cabecera de su hermana lloró con amargo desconsuelo el abandono de que, por parte del padre de su hija, se juzgó doliente víctima.

Andaba por aquellos días con razón inquieta la población de las afueras de la ciudad, por los estragos que en los barrios más pobres hacía la epidemia de viruelas, por cuya introducción acusaba el cronista demográfico de *El Véspero Belmirandense* a uno de los últimos correos que de la Península habían llegado a la capital de la Isla. Habíanse organizado por iniciativa particular algunas comisiones facultativas que recorrían los barrios infestados, llevando a domicilio el virus vaccinal y prodigándolo gratis entre las familias menesterosas. ¡Y era de ver cómo en su gran mayoría las madres ocultaban a sus hijos, sustrayéndolos de doctores y practicantes, cual pudieran hacerlo de una salvaje legión de antropófagos!

—¡Ay, Pupito, hijo de mi vida, que vienen esos malditos! —exclamaba una buena señora, al tiempo que a todo correr arrastraba hacia el fondo de la casa a su hijito, un zangaletón de doce años de edad, amedrentándole allí con que si hacía ruido se lo llevaría «Taita Mangolo». (Era éste un decayente octogenario que por aquellos andurriales tiraba de su encorvada humanidad, recientemente manumitida por sus bondadosos propietarios, que así le proporcionaban la satisfacción de morir libremente a la intemperie.) Y cuando aquellos «malditos» hubieron pasado de la casa ¡qué de besos apasionados! ¡qué de frases cariñosas y maternales extremos prodigó la señora a su Pupito!

—¡Te has salvado, hijo mío de mi alma, te has salvado! ¡Ah! No quiera Dios que me resulte contigo como a la pobre Cunda, que vacunó a su hijita, ¡tan mona como estaba el angelito, y se le murió después podriíta de viruelas negras!...

El señor Gonzaga estaba «sin sombra». La preciosa Margot era uno de aquellos casos que las gentes ignorantes ponían por ejemplo para demostrar que las viruelas atacaban más pronto a los que se vacunaban a fin de preservarse de ellas. La niña había sido vacunada así que la llevaron del campo a la ciudad, y tal le había prendido el virus, que de sus mismas pústulas vacunaron luego a varios niños, sin que en ninguno ocurriere la menor anormalidad. Y de ahí que no tuviera límites el asombro ni término la alarma de María de Jesús y de Graciana, cuando, precisamente en las primeras horas del día en que falleciera Federico, quedó improvisamente sin sentido la pequeña Margot, viniéndole tras el síncope fuertes vómitos que le dejaron una fiebre muy alta, la cual no se le calmó hasta que amaneció al tercer día con la piel abofellada y comenzó a manifestarse la erupción que a todos puso en el mayor cuidado.

Sin embargo, ya lo había dicho el médico. Era una variedad que, no obstante el tipo confluente que afectaba, no indicaba gravedad en su desarrollo. Pero ¡cualquiera convencía de ello a la buena Graciana! Aquello era «viruelas, y bien viruelas», decía; y agregaba que no había que descuidarse con la niña.

Esto hizo que, delicadamente, insinuase el señor Gonzaga su intención de trasladar a su hija a otro jugar, apartándola así de los demás niños de la casa. A lo que, con grande sentimiento replicó Graciana, interrumpiéndole:

—¡Ah, mi señor! Yo no creo que sea bueno para la niña ese paso por los cuatro vientos. Y de todos modos, si allá la han de cuidar ¿no la cuidamos aquí lo mismo?... Ahora, si el señor don Ladilao cree que yo no la he de atender como se debe...

—No, Graciana, eso no; sino que temo el contagio. Si alguno de sus hijos, por desgracia, cayese enfermo de viruelas...

—¡Ah, Dios no lo quedrá, señor!... No no, ahora comprendo la idea del señor don Ladilao... No; el Santísimo Señor de la Inpirasión, que trajo la enfermedá será servido de llevársela cuando Su Divina Majestá lo disponga. Y cuando quisiera poner a prueba nuestra pasensia... cúmplase la Volunta Suprema... Pero sacar ese angelito en el estado en que se halla... ¡Ah, señor!... Ni que fuéramos unos desalmados...

—Bueno, veremos lo que dice José Miguel —insistió Eladislao.

—No le hable de semejante cosa al señor don Ladilao —replicó Graciana—; no lo haga, por vida suya. El pobre José Miguel lo tomaría como un desprecio; él, que por el señor don Ladilao sería capaz de cualquiera cosa... Pero ¿para qué vamos a hablar más de esto? Cuando el señor don Ladislao trajo la niña a esta casa ¿no me dijo el señor: «Graciana, aquí tienes una hija más»?...

Así terminó aquel incidente, promovido por la susceptibilidad del señor Gonzaga. Momentos después, no obstante, allá por un lugar apartado, al verse sola con el más pequeñito de sus hijos, estrechábalo entre sus robustos brazos la noble mujer, y llorando lo besaba, exclamando a media voz: ¡Dios mío! ¡Guárdamelo, como a todos los demás, y líbramelos, Señor, de todo mal; que yo te ofrezco un Niño Jesús de plata y una botija de aseite que la llevaré de rodillas al Santísimo Señor de la Inpirasión!... Y después de invocación tan fervorosa, agregaba: «¡Ah, Dios mío! Se necesita ser una madre desnaturalizada para dejar que saquen de la caja a ese angelito de la Virgen... No, no; que sea lo que tú dispongas, Señor»... Y siempre derramando lágrimas, besaba a su pequeñuelo y volvía los ojos al cielo, hacia el invisible Ser Supremo cuya benignidad invocaba.

Poco más de las once de la mañana era cuando esto sucedía. El ruido de un coche que se detuvo a la puerta de la casa puso fin a la plegaria de la piadosa madre. Antes que tuviese nadie tiempo de salir a recibirla, hallábase en el centro de la sala una mujer completamente cerrada de negro, y cubierto el rostro por un espeso velo. Tras ella, una vez que despidió al cochero, entró otra enlutada, echado nada más el mantón sobre la cabeza, y dejando ver la faz, negra como el vestido, y demostrando en su humildad ser la criada de aquella señora.

—¿No es aquí donde se halla enferma con viruelas una niña?... Se llama usted Graciana ¿verdad?...

—Sí, señora; yo soy Graciana Méndez, para servir a la señora; y la niña está aquí...

La señora enlutada la interrumpió en su respuesta, y dejando caer el velo, abalanzóse sobre Graciana, y entrelazándola con los brazos el cuello apretóla fuerte y cariñosamente, mientras entre llanto y sollozos le decía:

—Gracias, gracias, amiga mía; yo soy su madre... ¿No está grave, no es verdad?... Así me lo ha afirmado el doctor... ¿Dónde está mi hija? Déjeme verla...

A este punto había salido del cuarto de la enfermita la solícita María de Jesús; la cual viendo el grupo de las dos enlutadas y Graciana, exclamó con alegre sorpresa:

—¡Niña Malenita!...

Y corriendo hacia ella quiso tomarle una mano para besársela; mas la joven señora, que se había desprendido de la dueña de la casa, abrazó a su antigua criada, profiriendo frases de agradecimiento y de dolor por las desgracias pasadas y las presentes desventuras.

XIV

¡Eso se llama ser madre! —decía Graciana, cuando se hubo marchado Magdalena, ya bastante entrada la tarde—. «¡Qué señora tan buena y tan amable!»

Y luego, pensando siempre en la dama, formuló en silencio y con original discurso la más altisincera apología de su discreción, su buen trato y su belleza. «No, aquella no se parecía a esas encopetadas señoronas que botan como ruin estiércol el fruto de sus clandestinos amores, y alentadas por la impunidad del crimen, con el más refinado cinismo descienden imperturbables hacia el abismo de la inmoralidad, prostituyendo todos sus sentimientos. No, aquella señora era buena, y noble, y digna del caballero Gonzaga, que a su vez era el mejor de los caballeros... Pero ¿por qué le diría Eladislao que la madre de la niña había muerto?... ¡Ah! Seguramente el caballero no quería comprometer a la joven señora... ¿Qué mujer no se consideraría feliz amando y siendo amada de un hombre tan bueno?...»

La presencia del señor Gonzaga interrumpió el laudatorio soliloquio de Graciana, la cual no por dedicar su pensamiento a Malenita y Eladislao dejaba de mover las manos en su trajín, disponiendo la comida y dando entre grito y regaño un coscorrón a alguno de los muchachos que la acosaban con una u otra impertinencia.

¡Con cuánto regocijo oyó el señor Gonzaga la noticia de haber estado allí Magdalena!... «¿Cuándo vino? ¿Qué dijo? ¿Qué hizo? ¿Por qué se fue tan pronto?»... No; la alborozada madre no había podido contenerse. Pustulosa y todo como estaba la niña la había besado repetidas veces, y a duras penas pudo reprimir su deseo de estrecharla contra su seno. Al fin hubo de tranquilizarle el ánimo verse con su hija en la falda, como cuidadosamente se la había colocado María de Jesús, descansándole la cabecita en su brazo izquierdo, bien arropadita, y sonriente a pesar de las gruesas y numerosas vesículas que le abofaban la piel... ¡Y cómo se la comía con los ojos, y cómo lloraba y reía de una misma vez sin decidirse por la pena de ver tan enfermita a la niña o por la alegría de tenerla al fin entre sus brazos!... Sí, había quedado satisfecha al comprender por qué Eladislao no había concurrido al entierro de Federico; y tanto, que al marcharse le había dejado una tarjetica en cuyo reverso escribió: «¿Por qué no te he visto aquí? Mi dicha se habría completado viéndote junto a nuestra hija. ¡Qué monísima es! ¿Te veré mañana?...». Y había encargado que nada le ocultasen del estado de su niña, ni le demorasen noticia ninguna; que si ocurría cualquiera novedad se le avisase enseguida, sin miramiento de ninguna clase; y había terminado diciendo que si no se quedaba a cuidar por sí misma a su hija era porque veía que nada le faltaba, excepto el calor de su madre, y que además Ana María se hallaba gravemente enferma, sin más atención familiar que la de la joven; pero que volvería a pasar algunas horas con su hijita al mediodía siguiente.

Cuando Magdalena llegó a su casa encontró en ella al mayordomo del ingenio, que acababa de llegar y se empeñaba en ver a la señora, alegando que tenía que comunicarle personalmente noticias de suma importancia. Los criados mantenían la orden del doctor, encarecida por Malenita al salir; y lo más que obtuvo fue hablar con la negrita Trina, quien le dijo que la señorita no debía tardar y que con ella podía entenderse. Y allí le dejó en el estrado del salón escritorio, y se marchó a sus ocupaciones.

De tal modo impresionaron a Magdalena las noticias que traía don Gumersindo, que no pudo menos que dejarlas entrever a su hermana. Y contra lo que era de temerse, Ana María demostró deseos de oír al mismo mayordomo. La llegada del doctor Alvarado no obstante, lo impidió. ¿Cómo? ¿Valía la pena de alarmar a la paciente el incendio de cinco cañaverales? Así fuesen cincuenta. ¿Que el bandido Liberato amenazaba con nuevas depredaciones si no le pagaban en breve la cantidad que había notificado a la viuda? Bueno; que se la pagaran, o que no se la pagaran. Eso no le importaba al doctor. Lo que no permitiría bajo ningún concepto era eso de alterar el ánimo de la enferma, complicándole el *caso* que ya había logrado conjurar a fuerza de estudio y observación. Pero don Gumersindo venía decidido a no perder el tiempo; y así entrecogió al doctor, a fin de disponerlo en favor suyo, diciéndole:

—¿Ve usted, doctor? Todo esto que ahora es pérdida absoluta, sería tan solo un relativo descuento utilitario en la práctica del sistema que tengo propuesto a la señora doña Ana María. No hay como el sistema colonial... (*Movimiento de sorpresa del doctor*)... Sí, señor; la molienda en grande escala; máquinas poderosas que multipliquen la extracción del jugo sacarino; hacer de toda la comarca una continuidad tributaria sin otra solución que la perenne confluencia al centro principal, al gran ingenio, la suprema arteria que reporta sin tregua y sin riesgo, dicho sea relativamente, la riqueza, la abundancia entre todos los colonos...

El mayordomo llegaba hasta las lindes de la elocuencia cuando hablaba de su proyecto de «molienda en grande escala». Pero el doctor no podía escuchar con calma aquello de la «continuidad tributaria» y el «sistema colonial».

—¿De manera que el ingenio de su proyecto vendría a ser algo así como una metrópoli sacarina, un molino central, consumidor de todo el fruto comarcano?

—Eso, eso —respondió el mayordomo, contento por haber sido tan bien interpretado.

—¡Vaya, vaya, amigo mío! —dijo levantándose el doctor—. Pues todo su plan viene a reducirse a un nuevo género de servidumbre que podría llamarse la esclavitud blanca; porque esos colonos que usted dice enriquecer con su sistema, no serían otra cosa que forzosos patrocinados, sujetos al capricho de aquellos centros de explotación arbitraria, según el carácter más o menos desconsiderado de los propietarios. Ahora, con mi gran negocio ¡ya digo yo si lo es! ¡Y si después de fomentar en la isla media centena de molinos en grande escala, como usted dice, se uniesen los propietarios y organizasen una asociación que se constituyera en Liga Azucarera, se completaría el monopolio de la producción y la industria más rica del país y... ya tendrían con ello dignos sucesores los esclavistas de los buenos tiempos coloniales!

Y como tenía por costumbre después de uno de aquellos apóstrofes que tan congeniales le eran, volvió el doctor la espalda y dirigióse al aposento de la enferma, dejando a don

Gumersindo sorprendido de la ruda franqueza con que había sido juzgado su proyecto.

«Me parece que esta vez me he precipitado un poco»... —pensó el mayordomo; y se prometió volver a andar con pies de plomo en aquel asunto que estimaba de vida o muerte.

Allá en el aposento procuraba Magdalena convencer a su hermana de lo que la joven creía ser una aprehensión de enfermo.

—Sí, Malenita, sí —decía la viuda—, lo mismo la cabeza que las manos y los pies los siento extremadamente pesados, y veo que tengo inflamados los dedos. Mira ¿no ves? ¿no lo notas?...

—No, Nanía; es aprehensión tuya. Ya te los encuentro lo mismo que siempre. Pero, ahora verás; aquí viene el doctor.

—¿Qué pasa? —dijo éste, que entró siguiendo a Trina.

—A mi entender, nada, doctor; sino que Ana María se empeña en que tiene inflamados los pies y las manos; y como se siente algo pesada la cabeza, cree que también la tiene hinchada.

El doctor Alvarado la reconoció detenidamente, y después de algunos instantes, dijo:

—¡Bah! Cosas de enfermos mimados. Lo que tenemos que hacer es quitarle a la señora hermana todas las comodidades que tiene, y ya verás entonces cómo no parecen ni a cien leguas esas hinchazones caprichosas.

—No es capricho, doctor, no; mire usted, cuando me desperté hace cosa de dos horas, me sentí...

—Eso es; cuéntenos usted cómo se sintió —dijo el doctor en tono de broma.

—Sí, ustedes búrlense cuanto quieran; pero lo que soy yo no me burlo. Sentí los pies tan pesados que me pareció que me los tenían sujetos; no pude moverlos de pronto; hice por incorporarme, y entonces fue la cabeza lo que me pesó de un modo extraño; intenté levantar las manos, y con esfuerzo pude llevármelas a la cabeza, pero experimentando una sensación así... inexplicable... Al fin me senté en la cama ayudada de Gregoria, y entonces le pedí una luz, y vi que tenía inflamadas las manos y los pies; y como me sentía muy pesada la cabeza le pedí un espejo y vi que también la cabeza la tenía inflamada. Esto podía haber sido una pesadilla; pero ahora ¿no creen ustedes que estoy bien despierta?

—¡Quién sabe eso! —dijo sonriendo el doctor—. Pero bien, admitamos la inflamación. ¿Le duele a usted la cabeza? ¿las manos? ¿los pies?

—No, no me duele nada.

—A ver; mueva usted los dedos... ¿Siente usted algún dolor en las articulaciones?

—No, no siento nada; y ahora, ni siquiera entorpecimiento.

—Bueno; pues si quiere usted auxiliarme en su pronta curación, no piense más en esas inflamaciones. La medicina más eficaz en nuestro caso es la mayor quietud posible, así del cuerpo como del cerebro.

Cuando algunos minutos después salió el doctor, seguido de Magdalena, díjole que en efecto padecía la enferma una ligera inflamación; pero que eso no era más que una flegmasia, natural consecuencia del aborto ocurrido, mucho de lo cual se habría evitado sin el empeño de Ana María, en ocultar lo inocultable; y daba gracias a la bolsa pútrida que había logrado hacerle expeler porque por ella pudo descubrir el origen del mal, siendo éste una concepción extrauterina que había tenido la viuda, y cuya época era de muy difícil designación. Muerto el producto en estado embrionario, el embarazo podía extenderse a un periodo de tiempo indefinido, permaneciendo aquél estacionado hasta que algún suceso externo, causando en la doliente una fuerte conmoción, viniese a promover lo que felizmente se había obtenido.

—Pero, doctor, ese cuerpo muerto ¿no le causaría una nueva enfermedad?

—Posiblemente; pero no más peligrosa que cualquiera otra. Año tras años podíamos haber tenido embarazada a nuestra señora doña Ana María Unzúazu, viuda de Nudoso.

Y se despidió, sonriendo cariñosamente a la joven dejándola en la confusión más completa.

No iba más sosegado el doctor, puesto que le desconcertaba un tanto la ausencia de ciertos síntomas asaz corrientes en las flegmasias puerperales, y sobre todo le hacía pensar la relativa normalidad en que permanecían las piernas, los brazos y la cavidad torácico-abdominal, que antes se habían consumido que abultado. La hinchazón no se manifestaba mas que sus extremidades; era esto indudablemente extraño, pero tantas habían sido las anomalías que observara en la enfermedad de la viuda, que esta otra no le pareció verdaderamente alarmante.

Aquella noche estuvo animada la tertulia en casa de los esposos Gonzaga. La pequeña Margot, allá en la otra casa seguía bien; ya se había iniciado la desecación de las vesículas, y el doctor confiaba en que dentro de seis u ocho días entraría la niña en pleno período analéptico.

La llegada de Fidelio, acompañando a su hermana Carmela, completó el grupo tertuliante. La señora de Gonzaga cuchicheó un momento con su amiga, y se escurrieron luego hacia adentro, con la misteriosa inteligencia que demandaba la confección secreta de un ajuar en miniatura, riquísima labor menudamente discutida y con exquisito gusto acabada entre las dos. Fidelio se quedó platicando con el doctor y Eladislao; mas, apenas cambiaron algunas palabras cuando se engolfaron en el oleaje de la política, discurriendo al vaivén de las más arduas cuestiones.

Muchas eran las que demandaban urgente solución patriótica; pero estimaban como la más imponente, la más perentoria quizás, aquella que ofrecía el pavoroso problema de la esclavitud. Setecientos mil seres entrarían dentro de poco tiempo en el mundo de los libres. ¿No era cuerdo ocuparse en el porvenir de aquellos futuras ciudadanos de la nación? Indudablemente. ¿Y qué se hacía en tal respecto? Nada. En medio de la mayor indiferencia, habíanse constituido algunas sociedades de instrucción y recreo en las principales ciudades, sin más inspiración que el deseo de unos pocos y el ansia que de figurar en banales representaciones tenían otros muchos; pero tales sociedades, dirigidas por personas de la raza de color, completamente inexpertas en un género de vida del cual se le había excluido por sistema, hallábanse muy lejos de satisfacer las necesidades existentes. ¿No era, pues, un crimen social el abandono en que las venían dejando las clases más ilustradas del país? En cada localidad afectaban aquellas asociaciones un carácter distinto, germinando en todas los contagiosos residuos de la inveterada inmoralidad de la colonia. Ora dominaba en éstas un espíritu democrático en la forma, pero manteniendo en el fondo la corrupción familiar, consagrando el concubinato y estimulando el vicio con la excitación de las vanidades femeniles; ora daba la norma en esotras una marcada tendencia aristocrática seleccionándose los miembros por razón de colores, bien que inspirándose en una idea rigurosamente moralizadora, enalteciendo la institución del matrimonio, y estableciendo un cordón sanitario que no lograban trasponer los apestados de informal convivencia, por más que el rigor no pasara más allá de lo que a la mujer concernía; y, en fin, más que sociedades de instrucción y recreo, como les llamaban, eran muchas de aquellas instituciones congresos de relajamiento en que el juego y las mujeres fáciles se turnaban para prodigar sus falsos goces, según los casos y las preferencias. ¿Por qué no habrían de poner los fundamentos de aquellas máquinas educadoras las personas instruidas, cuya posición social y aspiraciones patrióticas les obligaban a labrar con empeño en la constitución de un pueblo capaz de comprender la libertad que todos anhelaban?

Tales fueron las consideraciones a que se dedicaron en aquella noche los contertulios. Quiere decir: Eladislao Gonzaga y el doctor Alvarado; que en cuanto a Fidelio, casi no hizo más que prestar toda su atención a lo que entrambos discurrieron, asimilando cuidadosamente en su cerebro las ideas que más se avenían a su temperamento; y allá le torturaban el cerebro los diferentes conceptos emitidos cuando algunas palabras del señor Gonzaga llevaron a su mente un luminoso rayo de luz incubatoria que dio forma concreta a sus pensamientos. Y surgió radiante una noble aspiración: la de ser útil a su patria coadyuvando al enaltecimiento de la raza postergada. Un periódico, sí, un periódico en el cual manifestaría sus ideas; un periódico en el cual pudiera defender a la faz de toda la razón, el derecho, la justicia, según su personal criterio, y combatir sin tregua y sin odios la injusticia y la maldad donde quiera que se le ofreciesen. En él se concentraban las dos razas opuestas: la negra y la blanca, la oprimida y la opresora. ¿Quién con más legítimos títulos ni más autorizada ejecutoria podría constituirse en paladín de la equidad proclamando la ley de amor y de concordia?... ¡Qué horizonte tan amplio donde ejercitar sus energías!...

Pensando así llegó a enajenarse hasta el extremo de formular en voz audible este pensamiento, que era como el resumen de sus imaginaciones: «¡Si se podría hacer tanto por nuestra sociedad, si hubiera buen deseo y más honradez en los que se han puesto al frente de nuestros asuntos!»...

El doctor y Eladislao se fijaron en el joven creyendo que se dirigía a ellos; pero Fidelio enmudeció entrecortado al notar que paraban la atención en él de aquella manera.

Nada, sin embargo, de lo poco que le oyeron decir a Fidelio pudo causarles extrañeza, puesto que respondía discretamente al tenor de lo que se había tratado; y como para este tiempo se les unieran Carmelina y América, generalizose la conversación variando por completo el tema. Pero en la mente de Fidelio nació con poderosa fuerza aquella noche el objetivo al cual subordinó en adelante sus inclinaciones: la publicación de un periódico en el cual expondría él, tan parco en palabras, el mundo de ideas que se habían acumulado en su cerebro.

XV

Don Gumersindo tuvo que contentarse, por aquella vez al menos, con lo que logró decir al doctor Alvarado y con las pocas palabras que habló con Magdalena. No acertaba el bueno del mayordomo con la causa del aturdimiento que a su pesar le embargaba siempre que se hallaba cerca de la joven. Jamás había sido dueño de su voluntad al dirigir la palabra a Malenita. Con la viuda sí que se atrevía. ¡Vaya si se atrevía! Y tanto, que por gran desgracia contaba el no haber podido verla, pues daba por seguro que en la conferencia aquella se habría despejado la situación. ¡Pero en hallándose frente a Malenita... vamos, que no estaba en su mano el evitarlo!... Y cuando al día siguiente retornaba al ingenio, con la orden que *motu propio* le había dado la señorita, de enviar los 200 pesos exigidos por Liberato, a fin de prevenir mayores males mientras no mejorase Ana María y por sí misma dispusiera lo que más cuerdo estimase, pensaba con dolor el pobre hombre en el derrumbamiento de la complicada urdimbre que bajo el plan de su antiguo principal había proyectado en su propio interés, y en cuya realización pensó hasta entonces confiado en su habilidad tramoyista. Pero las palabras del doctor le desanimaron al punto que dio casi por perdido todo su trabajo. ¡Ah, si él hubiera conseguido interesar el corazón de Magdalena!... Tal vez había sido insubsanable error suyo el no enderezar sus pensamientos hacia la viuda... Este había pensado que los tapadillos de la muchacha le favorecían en su pretensión; y ahora parecía que aquellos mismos embrollos le dificultaban su empresa. ¿No habría sido más propicia la viuda, que indudablemente necesitaba un marido que atendiera sus intereses?... «¡Cuán torpe había andado!... Sí, torpe, inconcebiblemente torpe!» Hasta recordaba que en más de una ocasión había oído decir a la señora que una mujer sola era un ente social tan desvalido como un huérfano. «¡Ah, sí; qué estúpido había sido en no comprender que aquello era tal vez una oportunidad que le ofrecía la viuda para que le hiciese una declaración!... Y bien ¿por qué no había de probar ahora?» Afortunadamente no había soltado ninguna prenda que le entorpeciese este nuevo procedimiento. Era una nueva demostración de lo que vale la prudencia... Ni ¿qué perdía en el cambio material? ¿No era la viuda toda una dama de calidad? Cierto que estaba un poco, demasiado gruesa; pero no la desairaba su gordura, ni sus años le vedaban galanteos; antes bien la declaraban apetecible al gusto más delicado... Y a medida que avanzaba el hombre en sus consideraciones íbase aferrando a la idea de su desacierto al no dirigir desde el primer instante sus dardos contra la viuda, la cual, después de todo, «no engañaba a la sociedad con una virtud fingida»... «¡Sí; o se declaraba un parapoco, o durante aquella zafra, próxima a comenzar, conquistaría a su señora! Y así el tiro iría directamente a dar en el blanco.»

El mes de octubre señaló sus comienzos en la finca con un nuevo aviso de Liberato. Recomendaba la exactitud en el pago de la «contribución» como, según observaba, lo habían efectuado los demás hacendados de aquellas cercanías, conservando por tan cuerdo proceder intactos sus campos de cultivo. Pero don Gumersindo se indignó y tuvo miedo al mismo tiempo, ante semejante osadía. La carta en que tales recomendaciones se le hacían para que las trasmitiera a la viuda, la encontró encima de su mismo escritorio... ¿Quién la había puesto allí? No era posible que el bandido hubiese penetrado hasta aquel lugar... ¡Ah! entonces ¿era que tenía cómplices dentro de la propia finca?... Como quiera que fuese, era alarmante la actitud que iba tomando aquel negocio. Y no había que darle vueltas; la carta estaba muy bien escrita. El sobre se hallaba un tanto sucio de sudor y polvo colorado del camino; pero el papel del escrito permanecía limpio y doblado como por mano entendida. ¿No indicaba esto claramente que el audaz mulato obedecía órdenes de alguna dirección superior a su incultura, o que por lo menos, se hallaba inteligentemente asesorado, siendo más temible cuanto más desconocido fuese el asesor? ¡Ah, sí; en aquel juego debían moverse muy buenas piezas! Y renovaba en su imaginación los pensamientos que le sugirió algún tiempo antes el secuestro de Federico. «¡El secuestro aquel!... ¡Si había que ser ciego, para no verlo!»... Y ahora, una vez que Federico había muerto ¿no era obvio que alguno de sus amigotes, acaso el Perecito aquel que le seguía como la sombra al cuerpo, había quedado dirigiendo los movimientos del esclavo alzado?

¿No debía él, por su parte, cortar por lo sano y poner en conocimiento de la viuda lo que sospechaba, teniendo como creía tener tantos indicios que rayaban en la certidumbre?... Sí; pero también creyó lo mismo respecto de su propósito de ensanchar el ingenio, antes de hablar con el doctor Alvarado, y... decididamente había ido más allá de lo que la prudencia aconsejaba. No era cosa de cometer un desacierto a cada paso. Había que ir despacio. Así, pues, diría o no diría lo que pensaba, según se presentasen las circunstancias.

Los días pasaban entretanto, sin que al parecer adelantase el doctor en su campaña científica contra la inflamación de la viuda. Aquel mal, enemigo astuto y de ignorados ardides, mantenía sus posiciones, limitadas a las extremidades del cuerpo invadido, es cierto, pero en ellas aumentaba su influencia, bien que sin aparente hostilidad, sin notoria alteración del organismo. Apenas si en la voz se le notaba a la señora una ligera bronquedad, inferior en mucho a la que produjera la más común afección catarral. Ya había abandonado el lecho, y como se pasara las horas examinándose los pies y las manos, ordenóle el médico, a fin de distraerla de aquella preocupación que podía degenerar en monomanía, se dedicase cualquiera ejercicio, escogiendo la enferma el de tejer y bordar a la aguja, tal vez porque esto le permitía observarse constantemente las manos, creyendo verlas aumentar su tamaño a cada pulsación. Y era lo extraño que, a pesar de la hinchazón creciente de las manos, conservaban los dedos la misma soltura que en su estado normal.

Magdalena estaba radiante, satisfecha, cada vez más hermosa, ya que belleza tuvo siempre sobrada. Todos los días visitaba a su hija, que se había restablecido ya del todo, y rara vez dejaba de ver allí a Gonzaga que iba también a la misma hora a dar un beso a la pequeña Margot. Era un verdade-

ro deleite para cuantos la mimaban, aquella graciosa mu-
ñeca, que sin parecerse a ninguno de sus autores llevaba en
sus líneas fisonómicas marcados rasgos del uno y de la otra.
Magdalena se extasiaba admirando a la niña, buscando los
puntos de semejanza que tenía con su padre, y haciéndoselos
notar a éste, por lo cual solía surgir algún pequeño conflicto
de pareceres. «¡Cómo se te parece!» —«No, a quien notablemente se parece es a ti.» —Y terminaban por acariciarse
mutuamente, diciendo a la vez—: «¡Si es hija nuestra!».

—Hoy he llegado muy tarde ¿verdad? —dijo Eladislao,
entrando en el cuarto en que se encontraba Malenita agasa-
jando a su hija. Dio un ruidoso beso a la niña, y como discretamente al entrar él saliera del aposento la manejadora, besó
también a la mamá, sentándose a su lado y brincando sobre
sus piernas a la alegre pequeñuela.

—¿Cómo tardaste tanto? —le interrogó Malenita,

—Fue que me mandó a buscar el abogado para comuni-
carme que sus coasociados de Madrid y de Washington le
anunciaban que en breve será reconocida por los ministerios
de Estado y de Ultramar la reclamación que a nombre de los
herederos del señor Alminto viene gestionando; y allí me ha
tenido más de tres horas explicándome toda una odisea legal
que, en conclusión, establece el derecho de indemnización
que tienen los herederos.

—¿Y qué cantidad reclaman?

—Esa es la gorda. Figúrate que el doctor Jústiz tiene un
libro de contabilidad más grande que un Webster, destinado
solamente a los gastos en que se ha incurrido, y dice que ha
fijado la reclamación en 2 millones de pesos, para que les
quede a los herederos siquiera el doble de lo que le confisca-
ron al padre.

—Pero... ¿tú crees que pueda obtenerse eso?

—Lo que te aseguro es que si oyeras hablar de ello al doctor Jústiz acabarías, cuando menos, por no negarlo. Al principio me pareció todo una locura del abogado; luego pensé que lo que tal vez intentaba era explotar a los interesados; más tarde juzgué poco decorosa la reclamación, y finalmente voy creyendo que, como afirma el propio doctor, «nada es imposible para un buen jurista».

—Como abogado, todos dicen que es temible —dijo Malenita; y agregó—: Lo que si te sé decir es que se hace pagar bien sus estratagemas. Buenos dineros se ha embolsado con los pleitos que siempre tenía Nudoso, que en paz descanse; y no poco ha seguido embolsándose con Ana María, la cual me parece que está enferma porque ahora no tiene ningún litigio entre manos...

—¿Y cómo sigue Ana María?

—Lo mismo, hijo, si no peor. Esa hinchazón de las manos y los pies no se le quita... ¿Por qué no vas a verla?... Yo que era la que más ánimo le daba empiezo a desesperarme. El doctor Alvarado me ha dicho que el padecimiento, aunque no presenta gravedad fatal, reclama una junta de médicos; pero teme que esto haga un efecto contraproducente en el espíritu de Nanía. ¡Si vieras qué triste se pone cuando se mira al espejo y ve lo que se le ha abultado el rostro!... Y, sin embargo, no se ha desfigurado. El doctor cree que los síntomas que ofrece se asemejan a una enfermedad que hay... no me acuerdo qué nombre le dio... es un nombre raro...

—Sí, también a mí me ha hablado de ello. Según él, parece ser un caso de acromegalia, enfermedad de la cual se tiene muy superficiales conocimientos... ¡Bien se dice que la medicina como ciencia se encuentra todavía en pañales!...

Allá en casa de la joven se representaba a este tiempo otra escena, un tanto borrascosa. Don Gumersindo, que había

por el primer tren, fue inmediatamente introducido
oncito en que se hallaba Ana María, y la enteró de las
as exigencias de Liberato.

—¡Ah! ¿Y quién ordenó que le diesen esos 200 pesos de
que usted me habla? —inquirió colérica la viuda.

—La señorita que me los entregó cuando estuve aquí hace
dos semanas, para que se los enviase, a fin de evitar nuevos
incendios...

—¿Cómo nuevos incendios? ¿Ha incendiado algo?...

El mayordomo comprendió que desde su llegada estaba
pisando en falso. Ahora lo veía todo perfectamente. A la señora le habían ocultado cuanto había ocurrido; el médico
lo habría ordenado así, temiendo la excitación que pudieran
causarle inadvertidas referencias.

—¡Oh! —dijo, procurando enmendar su indiscreción—.
Logró incendiar un cañaveral... pero enseguida extinguimos
el fuego... Nuestro temor era que volviese a pegar candela...
¡como eso es tan fácil de hacer!... y de ahí que la señorita
ordena.

—¡Mal hecho, mal hecho; muy mal hecho! —repitió Ana
María exaltada por la ira—. Nada se le ha debido dar, ni re-
cibirá un solo centavo más aunque haga pavesas toda la finca. Lo que voy a hacer es publicar mañana mismo un anuncio en todos los periódicos, ofreciendo 1.000 pesos, 2.000
pesos, cualquier cantidad, al que muerto o vivo lo presente
en el ingenio...

—Señora...

—No me diga usted nada, don Gumersindo, no me diga
usted nada... ¡Un hombre como usted, dejarse intimidar por
un mulato como ese!...

—Señora... es que...

—Bien, bien; en cuanto venga Malenita... Mire, vuelva por aquí esta tarde, que ya tendré dispuesto lo que ha de hacerse. Hasta mañana no volverá usted al ingenio...

Don Gumersindo saludó, y diciendo algunas palabras, excusándose por su actitud, la cual dijo obedecía al deseo de conservar las propiedades de la señora, se despidió hasta la tarde.

«Decidamente he perdido los estribos», decía, según se encaminaba al hotel, y continuó en una serie de cavilaciones que le persuadían de que había empeorado su causa, imaginando que su solicitud le adelantaría el triunfo.

Cuando, a cosa de las cuatro de la tarde llegó Malenita, la recibió su hermana con marcado desabrimiento. Y enterada aquélla de lo que motivaba el enojo de ésta, no pudo menos de exclamar:

—¡Qué bruto es don Gumersindo!

—No, no tienes por qué culparle... ¡Lo que sucede es que él y tú y todos le han cogido miedo al facineroso ese; y yo les voy a probar a todos que de mí no se burla nadie, y él menos que ninguno, el muy cachorro!... A ver, escríbeme un anuncio ofreciendo 1.000 pesos al que lo entregue vivo o muerto en la finca o donde quiera... Procura dar bien las señas de ese monstruo... ¡Oh, Dios mío! Me parece que la cabeza me ha crecido una pulgada...

Nada valieron las observaciones de Magdalena, ni las del doctor Alvarado, cuando más tarde hizo su visita profesional. El aviso se publicó en todos los periódicos de la localidad desde el día siguiente, debiendo continuar por espacio de un mes, si antes no se daba en tierra con el pregonado.

XVI

Bien sabía el doctor Alvarado lo que decía cuando prescribió a la viuda el mayor reposo mental. La excitación que le causaran las noticias dadas por el mayordomo, la obligaron a guardar cama por algunos días, durante los cuales no le fue posible a Malenita dar sus escapadas, según lo venía haciendo, para estarse dos o tres horas cerca de su hija... y junto a su amante. ¿Qué diría Eladislao?... Malenita le escribió una carta muy cariñosa, explicándole por qué no había ido el día anterior ni le era posible ir mientras no mejorase un poco su hermana. «Me parece que hace un año que no te veo», decíale; y cerrando la carta, agregaba: «Aquí en este círculo (*Marcándolo en el papel.*) te envío un millón de besos. Dale la mitad a nuestro querubín». La criada que llevó la misiva volvió con otra de Eladislao. No era contestación, pues Gonzaga había estado allí antes que la criada de Malenita. Pero solo se había demorado un instante. Sentó sobre sus rodillas a la niña, jugando con ella un ratito, y escribió luego un papel, dejándoselo a María de Jesús, para el caso de que llegase Malenita. Y se marchó enseguida, después de hacerle algunas caricias a la rolliza Margot.

Magdalena abrió precipitadamente la carta, presintiendo una desgracia. Pero, no; Eladislao le hablaba de su hija antes que de todo. La niña estaba muy bien: «En su boquita de rosa dejo los besos que no he podido darte». Luego decía que tenía enfermedad de cuidado en su casa, pero que haría por verla al día siguiente... «¿Me esperarás?»...

«¿Qué será?» pensó Malenita. Y como le ocurriera la idea de que seguramente se trataba de la esposa de Gonzaga, y ella no quería pensar en el hogar de su amante, porque imaginaba que tales pensamientos la llevarían demasiado lejos, levantóse rápidamente y se fue a dar un vistazo a su hermana, que aún permanecía en el lecho.

Al día siguiente Magdalena hizo que Antonia, la criada que le acompañaba siempre, buscase un coche. A poco dio la escapadita. «Estaría un momentico no más», pensó. Daría unos cuantos besitos a su hijita; hablaría cuatro palabritas con Eladislao... Todo en diminutivo. Y despúes, a casita, corriendo, sin que lo notase su hermana, para que no se creyese abandonada en su dolencia. Si por acaso Ana María la llamaba, Gregoria se había encargado de entretenerla «un momentico, un momentico no más».

Al bajar del coche en casa de Graciano el cochero le dirigió la palabra.

—La *señurita* no me ha *conocidu*. Me *alejru* de verla tan buena...

Ya Magdalena había entrado, pero desde allí se volvió hacia el automedonte; y solo cuando éste saludándola se quitó el sombrero recordó al antiguo portero de tu casa. Galaico Castiñeira había engrosado bastante, pero lo que más le hacía extraño a la vista de la joven era la barba que se había dejado, y que le daba cierto aspecto salvaje no mal avenido con su tosca civilidad.

—¡Ah, Galaico!... A la verdad no le había conocido...

Sí; «desque hubo *degado* la casa» emprendió en el «*acarreu* de personas», y ahora tenía tres coches y cinco caballos. «*Non janaba*» mucho, pero «iba *tirandu*» y allí estaba, en la calle de la Fortuna, número quince, «*gunto* a la caballeriza», para lo que «*justase* mandarle la *señurita*». Y recibiendo de la criada la peseta, dio un latigazo al rosillo y salió andando, aunque no sin haber notado que se encontraba allí María de Jesús, a quien no se atrevió a saludar, por respeto a «la señurita».

María de Jesús se había acercado a la puerta, contentando a la niña, que al ver a su madre le tendía inquietamente las manitas. ¡Con cuánta ansia la tomó ella en sus brazos! Los niños de Graciana, en derredor de Malenita, esperaban la parte de cariño que para ellos reservaba siempre la joven; cumplido lo cual se entregó por completo a su hija. Diríase que hacía mucho tiempo que se hallaban separados. Pero ¿y Eladislao? El tiempo trascurría y Eladislao no llegaba. ¿Qué sería? Dos horas habían pasado desde que salió de su casa, y no le parecía correcto demorarse más, hallándose como se hallaba Ana María. Dejó escrita una tarjeta y salió, notoriamente despechada.

Contra sus anhelos y esperanzas, no encontró en su casa esquela ni recado que le diera noticia de Eladislao. ¡Oh, qué desesperación!... Solo al día siguiente, cuando fue Antonia a traerle razón de la niña, le trajo además una carta de Gonzaga: «América estaba muy grave; no podía dejarla un momento. El médico no daba esperanza de que se salvara». Nada más decía el papel.

Magdalena se quedó mirando, aunque ya no leía, las pocas líneas que contenía la carta, sobre la cual cayeron dos gruesas lágrimas, de conmiseración quizás, por el estado de América, o por el sufrimiento que no podía menos de experimentar Gonzaga, o por los celos que la asaltaban al suponer la solicitud de éste para con la enferma, o tal vez por una angustiosa mezcla de todos estos sentimientos que le rebullían en la mente.

Con aquel hacía tres días que había caído en cama la esposa del señor Gonzaga. Empezó el mal por una destemplanza que le hizo rechazar el desayuno. La displicencia tomó cuerpo, y se le fijó además una penita en las caderas, resintiéndosele la columna dorsal y mortificándole todo a tal punto que la señora comenzó a quejarse. Eladislao se le acercó, y ella, recibiéndole de pie, reclinó la cabeza en el pecho de su esposo.

—Vamos, hija niña, no seas tan aprensiva...

—No, *Lao*, no es aprensión; es que me llenan de angustia estos dolores. Temo un mal resultado... Estoy en el cuarto mes...

Algo como un desvanecimiento le hizo juntar los párpados, y cierto extraño ardor le incitaba a mantenerlos cerrados; y creció a extremo punto su alarma cuando al pretender abrirlos para dirigir una amorosa mirada a su marido, hirióle vivamente la claridad, obligándola a cubrírselos con las manos.

Aquel movimiento tan rápido, tan mudo, tan inopinado, inquietó sobremanera a Eladislao. Separóle suavemente las manos, y vio que por las mejillas de América rodaban en abundancia las lágrimas. Cuando a los ruegos de Gonzaga abrió los párpados, tenía la señora los ojos como dos bolas de cristal que reflejasen un incendio.

Eladislao comprendió que su esposa estaba más enferma de lo que al pronto creyó. Púsole el termómetro, y entonces su temor fue ya más positivo, al ver que el mercurio pasaba de los 39 grados. Indudablemente aquello era algo serio. Acompañola al aposento y la ayudó a recogerse, haciendo avisar a Carmelina, que se presentó al instante; y luego se fue él en persona a buscar a su amigo el doctor Alvarado, quien la encontró ya con una fiebre rayana en los 41.

El médico inquirió minuciosamente sobre algunos antecedentes, sin descubrir nada que le guiase en aquel súbito mal que con tanta fuerza empezaba. La señora había perdido el conocimiento. Aquella fiebre tan alta, y el rostro, más que enrojecido amoratado, que parecía próximo a querer brotar la sangre, unido a lo que le había explicado Eladislao de los dolores en las caderas y el dorso, llevaron la imaginación del doctor hacia la posibilidad de un caso de viruelas. Sin embargo, esto no fue más que un relámpago que desapareció fugaz, dejándole en oscuridad completa y sin base en que afirmarse. Y como primera providencia tomó unas notas, recetó y se marchó.

América seguía en un profundo letargo. La fiebre no cedía. El delirio en que cayó después fue violentándose, y a veces se vieron apurados Gonzaga, Carmelina y la sirvienta para sujetarla en su arrebato. Al anochecer volvió el médico, y por mala noticia tuvo la de aquellos espasmos, dado que hasta entonces no los había padecido la señora. ¿Era tal vez un caso de histerismo provocado por el embarazo?... ¡Y aquella fiebre que no disminuía!... El doctor repugnaba emprender en nada si no tenía seguridad en lo que había de hacer. Y era necesario tomar partido. Ya Eladislao parecía interrogarle con la vista, y el doctor, sobresaltado al imaginar que podía haberse traslucido sus dudas, en una de esas corazonadas nacidas de la experiencia profesional: «Viruelas son», se dijo interiormente, y convencido de que su inspiración era un hecho, se dispuso a combatir la terrible fiebre epidémica.

Llamando luego aparte a Eladislao comunicóle la situación peligrosa en que se hallaba la enferma.

—Si mañana no se declaran síntomas de exantema, es decir, de erupción —le dijo— el caso será gravísimo. La ausencia de vómitos es un mal indicio. Y esa fiebre sostenida, ese delirio constante... en fin, haremos lo posible por favorecer la erupción.

El doctor recetó nuevamente; pero de nada valió todo ello. Al día siguiente continuaba todo en la condición más desesperada. La fiebre se mantenía persistente entre los 41 y los 42 grados; el desvarío persistía, y no salía la enferma de la muletilla del hijo que había de nacer, bien parecido a su padre, para ser el eslabón que faltaba en aquella matrimonial cadena. Y aquella noche, allá para sus adentros, dio el doctor por fracasados los empeños de la ciencia, confirmándolo cuando, al romper el alba, se presentaron en la paciente indicios de aborto o mal parto. Las carreras, las solicitudes, todo fue inútil. A las dos menos cuarto de la tarde dio la infeliz el último suspiro, sin haber recobrado el conocimiento desde que cayera en brazos de su marido, herida por el duro tajo de la muerte.

Pasaron dos o tres días. Eladislao había mandado a menudo a saber de la linda Margot. Pero hacía casi una semana que no la veía y deseoso de estar siquiera un rato a su lado, se dirigió a casa de Graciana. Allí estaba Magdalena. Al ver a Gonzaga se levantó y dio algunos pasos adelantando hacia él con los brazos abiertos pero de repente se detuvo fijando la vista en el traje de riguroso luto que vestía Eladislao. De los ojos de la joven desapareció el fuego apasionado que los animaba; y el velo de tristeza que empañó la brillantez de sus pupilas demudó su semblante, retratando en él la pena que sentía por el duelo de su amado. Su primer impulso había sido abrazarle, besarle, desquitarse con la efusión del sentimiento que rebosaba su espíritu, de todos aquellos días tan tristes que pasó sin verle; pero otro pensamiento más triste le había detenido, y dejando caer desalentada aquellos brazos que la pasión impulsara, entrelazó los dedos de ambas manos, y estrujándoselos lacerada por la angustia, díjole con tierno acento:

—¡Sé que has sufrido mucho, *Lao*; es natural, es justo..., ella también te amaba!...

Y al expresarse así brotábanle a raudales las lágrimas. Eladislao se acercó a ella y le cogió una mano. Era la primera vez que Malenita le llamaba de aquel modo familiar, usado únicamente por su esposa... A más de esto, le conmovió profundamente la pudorosa actitud de aquella mujer que tanto le amaba, y atrayéndola hacia sí: «¡Qué buena eres!» —le dijo; y llevando sus labios a la frente de la joven, selló con un beso de agradecimiento aquella tan sentida expresión de condolencia.

Algunos minutos después, sentados el uno junto al otro y la niña en las rodillas del padre, preguntó éste:

—¿Cómo sigue tu hermana?

—Muy mal —respondió Magdalena—. Ya se celebró la junta de médicos que pidió el doctor Alvarado, y han convenido en que Nanía dé un viaje a París, para que la reconozcan allá en alguno de aquellos grandes establecimientos terapéuticos, donde acaso haya algún especialista que la cure; y como no sea más, hacer un autorizado ensayo contra esa enfermedad, esa... acro... acro... nunca podré acordarme del nombre de ese mal endemoniado.

Fin

La Habana, enero de 1896.

Libros a la carta

A la carta es un servicio especializado para
empresas,
librerías,
bibliotecas,
editoriales
y centros de enseñanza;
y permite confeccionar libros que, por su formato y concepción, sirven a los propósitos más específicos de estas instituciones.

Las empresas nos encargan ediciones personalizadas para marketing editorial o para regalos institucionales. Y los interesados solicitan, a título personal, ediciones antiguas, o no disponibles en el mercado; y las acompañan con notas y comentarios críticos.

Las ediciones tienen como apoyo un libro de estilo con todo tipo de referencias sobre los criterios de tratamiento tipográfico aplicados a nuestros libros que puede ser consultado en Linkgua-ediciones.com .

Linkgua edita por encargo diferentes versiones de una misma obra con distintos tratamientos ortotipográficos (actualizaciones de carácter divulgativo de un clásico, o versiones estrictamente fieles a la edición original de referencia).

Este servicio de ediciones a la carta le permitirá, si usted se dedica a la enseñanza, tener una forma de hacer pública su interpretación de un texto y, sobre una versión digitalizada «base», usted podrá introducir interpretaciones del texto fuente. Es un tópico que los profesores denuncien en clase los desmanes de una edición, o vayan comentando errores de interpretación de un texto y esta es una solución útil a esa necesidad del mundo académico.

Asimismo publicamos de manera sistemática, en un mismo catálogo, tesis doctorales y actas de congresos académicos, que son distribuidas a través de nuestra Web.

El servicio de «libros a la carta» funciona de dos formas.

1. Tenemos un fondo de libros digitalizados que usted puede personalizar en tiradas de al menos cinco ejemplares. Estas personalizaciones pueden ser de todo tipo: añadir notas de clase para uso de un grupo de estudiantes, introducir logos corporativos para uso con fines de marketing empresarial, etc. etc.

2. Buscamos libros descatalogados de otras editoriales y los reeditamos en tiradas cortas a petición de un cliente.

www.ingramcontent.com/pod-product-compliance
Lightning Source LLC
Chambersburg PA
CBHW031057020726
47495CB00007B/1932